Minhas
invenções

FUNDAÇÃO EDITORA DA UNESP

Presidente do Conselho Curador
Mário Sérgio Vasconcelos

Diretor-Presidente
Jézio Hernani Bomfim Gutierre

Superintendente Administrativo e Financeiro
William de Souza Agostinho

Conselho Editorial Acadêmico
Danilo Rothberg
Luis Fernando Ayerbe
Marcelo Takeshi Yamashita
Maria Cristina Pereira Lima
Milton Terumitsu Sogabe
Newton La Scala Júnior
Pedro Angelo Pagni
Renata Junqueira de Souza
Sandra Aparecida Ferreira
Valéria dos Santos Guimarães

Editores-Adjuntos
Anderson Nobara
Leandro Rodrigues

NIKOLA TESLA

Minhas invenções
A autobiografia de Nikola Tesla

Tradução
Roberto Leal Ferreira

editora
unesp

@ 2001 Michaels Verlag
D – 86971 Peiting
@ 2012 da tradução brasileira

Título original: *Nikola Tesla: Meine Erfindungen*

Direitos de publicação reservados à:
Fundação Editora da Unesp (FEU)
Praça da Sé, 208
01001-900 – São Paulo – SP
Tel.: (0x11) 3242-7171
Fax: (0x11) 3242-7172
www.editoraunesp.com.br
www.livrariaunesp.com.br
atendimento.editora@unesp.br

CIP – BRASIL. Catalogação na fonte
Sindicato Nacional dos Editores de Livros, RJ

T321m

Tesla, Nikola, 1856-1943
  Minhas invenções: a autobiografia de Nikola Tesla / Nikola Tesla; tradução Roberto Leal Ferreira. – 1.ed. – São Paulo: Editora Unesp, 2012.

  ISBN 978-85-393-0359-5

  1. Tesla, Nikola, 1856-1943. 2. Engenheiros eletricistas – Estados Unidos – Biografia. 3. Inventores – Estados Unidos – Biografia. I. Título.

12-6765.   CDD: 926.2131
                                      CDU: 929:621.3

Editora afiliada:

Asociación de Editoriales Universitarias de América Latina y el Caribe

Associação Brasileira de Editoras Universitárias

Sumário

Introdução 1

Capítulo I – Anos de juventude 5
Capítulo II – Minhas primeiras invenções 23
Capítulo III – Meus esforços posteriores (A descoberta do campo magnético rotativo) 39
Capítulo IV – A descoberta da bobina e do transformador de Tesla (A parte básica de todo rádio e TV) 57
Capítulo V – O transmissor amplificador 71
Capítulo VI – A técnica da Teleautomática 89

Introdução

Nikola Tesla nasceu na atual Croácia (na época, parte da Áustria-Hungria), em 10 de julho de 1856, e morreu em 7 de janeiro de 1943. Ele foi o engenheiro elétrico que inventou o motor de indução de CA (corrente alternada), que tornou possíveis a transmissão e a distribuição universais de eletricidade. Tesla iniciou os estudos de Física e Matemática no Instituto Politécnico de Graz e depois estudou Filosofia na Universidade de Praga. Trabalhou como engenheiro elétrico em Budapeste, na Hungria, e posteriormente na França e na Alemanha. Em 1888, descobriu que se poderia criar um campo magnético, se duas bobinas em ângulo reto recebessem uma corrente CA de 90¡ fora de fase, tornando possível a invenção do motor de indução de CA. A principal vantagem desse motor é a ope-

Nikola Tesla (1915).
Latinstock/© Bettmann/CORBIS/Corbis (DC)

ração sem escovas, que na época muitos julgavam ser impossível. Tesla mudou-se para os Estados Unidos em 1884, onde trabalhou com Thomas Edison, que logo se tornou um rival – porque Edison era um defensor do sistema inferior de transmissão de potência CC (corrente contínua). Nessa época, Tesla recebeu a encomenda de projetar os geradores de CA instalados nas Cataratas do Niágara. George Westinghouse adquiriu as patentes do seu motor de indução e o transformou na base do sistema de potência Westinghouse, que ainda hoje fundamenta a moderna indústria de energia elétrica. Também realizou pesquisas notáveis acerca da eletricidade de alta tensão e da comunicação sem fio; em certo momento, criou um terremoto que abalou o solo a vários quilômetros ao redor do seu laboratório em Nova York. Também inventou um sistema que antecipava as comunicações globais sem fio, as máquinas de fax, o radar, os mísseis e as aeronaves guiados por rádio.

Capítulo I
Anos de juventude

O desenvolvimento progressivo do homem é vitalmente dependente da invenção. Ela é o produto mais importante de seu cérebro criativo. Seu propósito final é o domínio completo da mente sobre o mundo material, a subordinação das forças da natureza às necessidades humanas. Esta é a difícil tarefa do inventor, que geralmente é incompreendido e não recebe recompensa. Porém, ele encontra ampla compensação no agradável exercício de suas capacidades e por saber que pertence à classe excepcionalmente privilegiada sem a qual o homem teria perecido há muito na dura luta contra impiedosos elementos.

Falando por mim mesmo, já tive mais do que poderia esperar desse requintado prazer; tanto que, durante muitos anos, a minha vida esteve muito perto de ser um contínuo êxtase. Tenho fama de ser um trabalhador dos mais duros, e talvez eu seja mesmo, se pensar for equivalente a trabalhar, pois dediquei ao pensamento quase todas as minhas horas de vigília. Mas se trabalho for interpretado como sendo um desempenho definido num tempo determinado segundo uma regra rígida, talvez eu seja o pior dos ociosos. Todo esforço sob compulsão exige um sacrifício de energia vital. Nunca paguei esse preço. Ao contrário, eu floresci por meio dos meus pensamentos.

Na tentativa de dar um relato articulado e fiel das minhas atividades nesta história de minha vida, devo deter-me, ainda que com relutância, nas impressões de minha juventude e nas circunstâncias e nos acontecimentos que foram fundamentais na determinação da minha carreira.

Nossos primeiros esforços são induções puramente instintivas de uma imaginação vívida e indisciplinada. À medida que ficamos mais velhos, firma-se a razão e nos tornamos mais sistemáticos e articulados. Mas esses primeiros impulsos, embora não sejam imediatamente produtivos, são da maior importância e podem moldar nossos próprios destinos. De fato, hoje sinto que, se eu os tivesse entendido e cultivado em vez de suprimi-los, teria acrescentado um valor substancial ao meu legado ao mundo. Mas só me dei conta de que era um inventor quando alcancei a maturidade.

Isto se deve a inúmeras causas. Em primeiro lugar, eu tinha um irmão extraordinariamente dotado; um desses fenômenos raros de inteligência que a investigação biológica não consegue explicar. Sua morte prematura deixou meus pais na Terra inconsoláveis. (Explicarei mais adiante minha menção sobre meus "pais na Terra".)

Tínhamos um cavalo que nos fora presenteado por um amigo querido. Era um animal magnífico de raça árabe, dono de uma inteligência quase humana, tratado e mimado por toda a família, tendo certa vez salvado a vida do meu querido pai em circunstâncias notáveis. Em uma noite de inverno, meu pai havia sido chamado para executar uma tarefa urgente e, ao cruzar as montanhas infestadas de lobos, o cavalo assustou-se e saiu correndo, arremessando-o ao chão com violência. O cavalo chegou em casa sangrando e exausto, mas, depois que o alarme soou, partiu de novo imediatamente, a toda velocidade, voltando ao local e, pouco depois da partida do grupo de busca, eles encontraram meu pai, que recuperara a consciência e tornara a montar, sem perceber que estivera deitado na neve durante horas. Esse cavalo foi responsável também pelos ferimentos que levaram meu irmão à morte. Eu assisti à trágica cena, e, embora já se tenham passado muitos anos, minha impressão visual não perdeu nada de sua força. A lembrança dos talentos dele fazia todo empenho meu parecer estúpido em comparação a ele.

Qualquer coisa digna de mérito que eu realizasse só fazia meus pais sentirem ainda mais a perda dele.

Assim, cresci com pouca confiança em mim mesmo. Mas estava longe de ser considerado um menino estúpido, a julgar por um incidente de que ainda guardo forte recordação. Certo dia, os conselheiros municipais passavam por uma rua onde eu brincava com outros garotos. O mais velho desses veneráveis cavalheiros, um cidadão muito rico, parou para dar uma moeda de prata a cada um de nós. Ao se dirigir a mim, parou bruscamente e ordenou: "Olhe nos meus olhos". Mirei o seu olhar, com a mão estendida para receber a tão valiosa moeda, quando, para meu pesar, ele disse: "Não, você não. Você não vai ganhar nada de mim. Você é muito esperto".

Costumavam contar uma história engraçada a meu respeito. Eu tinha duas tias velhas de rosto enrugado, e uma delas tinha dois dentes salientes como as presas de um elefante, que ela cravava em meu rosto toda vez que me beijava. Nada me assustava mais do que a perspectiva de ser beijado por essas parentas carinhosas e pouco atraentes. Aconteceu um dia que, estando eu no colo de minha mãe, elas me perguntaram qual das duas era mais bonita. Depois de examinar seus rostos com atenção, respondi ponderadamente, apontando para uma delas: "Essa aí não é tão feia como a outra".

Pensando bem, eu havia sido destinado desde o nascimento à profissão clerical, e esta ideia me oprimia constantemente. Eu queria ser engenheiro, mas meu pai era inflexível. Ele era filho de um oficial que servira no exército do Grande Napoleão e, como seu irmão, professor de Matemática numa importante instituição, recebera uma educação militar; mas, curiosamente, mais tarde ele entrou para o clero e nessa vocação alcançou uma posição eminente. Ele era um homem muito erudito, um autêntico filósofo da natureza, poeta e escritor, e seus sermões eram considerados tão eloquentes quanto os de Abraão de Santa Clara. Tinha uma memória prodigiosa e frequentemente recitava longos trechos de obras em diversas línguas. Muitas vezes comentava, brincando, que se alguns clássicos se perdessem, ele poderia recuperá-los. Seu estilo de escrita era muito admirado, com sentenças breves e claras, cheias de humor e ironia. As observações bem-humoradas que fazia eram sempre curiosas e características. Para dar um exemplo, posso citar um ou dois casos. Entre os empregados da fazenda, havia um homem estrábico chamado Mane, contratado para fazer trabalhos nas cercanias da propriedade. Um dia, ele estava cortando lenha. Quando ergueu o machado, meu pai, que estava próximo, se sentiu muito irritado e o alertou: "Pelo amor de Deus, Mane, não golpeie o que está olhando, só o que pretende acertar".

Em outra ocasião, ele levava para passear um amigo que, por desatenção, deixou que seu caro casaco de pele se esfregasse na roda da carruagem. Meu pai chamou a atenção dele, dizendo: "Tire o seu casaco daí: ele está estragando a minha roda". Ele tinha o estranho hábito de falar consigo mesmo e muitas vezes mantinha conversas animadas e envolvia-se em calorosas discussões, mudando o tom de voz. Um ouvinte acidental poderia jurar que havia muitas pessoas na sala. Embora eu deva atribuir à influência de minha mãe qualquer inventividade que possua, o treinamento a que ele me submeteu deve ter sido útil. Era composto de todo tipo de exercícios – tais como adivinhar os pensamentos um do outro, descobrir os defeitos de alguma forma de expressão, repetir longas sentenças ou efetuar cálculos mentais. Essas aulas diárias visavam fortalecer a memória e a razão e, sobretudo, desenvolver o senso crítico, e foram, sem dúvida, muito benéficas.

Minha mãe descendia de uma das famílias mais antigas da região e de uma linhagem de inventores. Tanto seu pai como seu avô criaram diversas ferramentas para uso doméstico e agrícola, entre outros. Ela era realmente uma grande mulher, de rara habilidade, coragem e força moral, que enfrentou as intempéries da vida e passou por muitas experiências difíceis. Aos 16 anos, uma virulenta epidemia varreu o país. Seu pai foi chamado para administrar os últimos sacramentos aos moribundos e, durante a ausência dele, ela se encarregou sozinha da assistência de uma família vizinha atingida pela terrível doença.

Deu banho, vestiu e estendeu os corpos, enfeitando-os com flores, segundo o costume da região, e, quando seu pai voltou, encontrou tudo pronto para um funeral cristão.

Minha mãe era uma inventora de primeira, e creio que teria conseguido grandes coisas se não estivesse tão distante da vida moderna e de suas múltiplas oportunidades. Ela inventava e construía todo tipo de ferramentas e instrumentos e tecia as mais belas tramas com fios que ela mesma fiava. Ela mesma plantava as sementes, cuidava das plantas e separava as fibras. Trabalhava sem cessar do nascer do sol até tarde da noite, e a maior parte das roupas e os acessórios de vestuário em casa eram produtos de suas mãos. Quando tinha mais de 60 anos, seus dedos ainda eram ágeis o bastante para dar três nós em um cílio.

Havia ainda outra razão mais importante para o meu tardio despertar. Na minha infância, sofria de uma estranha perturbação devido ao aparecimento de imagens, geralmente acompanhadas de fortes clarões de luz, que dificultavam a visão de objetos reais e interferiam em meus pensamentos e atos. Eram retratos de coisas e cenas que eu havia realmente visto, nunca de coisas imaginadas. Quando me diziam uma palavra, a imagem do objeto que ela designava apresentava-se de modo vívido à minha visão, e às vezes eu era incapaz de distinguir se o que via era tangível ou não. Isso me deixava muito incomodado e ansioso. Nenhum dos estudiosos de Psicologia ou de Fisiologia com quem me consultei jamais conseguiu explicar esses fenômenos de maneira satisfatória. Eles parecem ter sido únicos, embora eu provavelmente tivesse predisposição a eles, pois sei que meu irmão tinha experiências semelhantes.

Formulei a teoria de que as imagens eram o resultado de uma ação reflexa do cérebro sobre a retina, sob grande excitação. Certamente não eram alucinações como aquelas produzidas em mentes enfermas e angustiadas, pois em outros aspectos eu era normal e tranquilo. Para ter uma ideia de minha aflição, imaginem que eu tivesse testemunhado um funeral ou algum outro espetáculo igualmente desgastante. Então, inevitavelmente, no silêncio da noite, uma imagem nítida da cena se impunha diante dos meus olhos e persistia, apesar de todos os meus esforços para me livrar dela.

Se a minha explicação estiver correta, seria possível projetar numa tela a imagem de qualquer objeto que se concebe e torná-lo visível. Tal avanço revolucionaria todas as relações humanas. Estou convencido de que essa maravilha possa ser e será realizada no futuro. Posso acrescentar que dediquei muita atenção para a solução do problema. Consegui refletir uma dessas imagens, que via em minha mente, na mente de outra pessoa, em outro recinto. Para me livrar dessas aparições perturbadoras, tentava concentrar minha mente em alguma outra coisa que tivesse visto, e desse modo geralmente obtinha um alívio temporário; mas para consegui-lo tinha de evocar novas imagens continuamente. Não demorava muito para descobrir que exaurira todas as que estavam à minha disposição; meu "filme" acabara, por assim dizer, pois tinha visto pouca coisa do mundo – só objetos de minha casa e dos arredores mais próximos.

Quando realizava essas operações mentais pela segunda ou terceira vez, para afugentar as aparições de minha vista, o remédio gradualmente perdia toda a força. Então eu começava a vagar instintivamente para além dos limites do mundinho do qual tinha conhecimento, e via novas cenas. No começo, eram muito desfocadas e indistintas, e se dissipavam quando eu tentava concentrar minha atenção nelas. Elas ganharam força e nitidez e, por fim, adquiriram a concretude de coisas reais. Logo descobri que alcançava o máximo conforto se eu simplesmente desse livre curso à minha visão, recebendo novas impressões o tempo todo, e assim comecei a viajar; dentro da minha mente, é claro. Toda noite (e às vezes durante o dia), quando sozinho, eu partia para as minhas viagens – via novos lugares, cidades e países; vivia lá, conhecia pessoas e fazia amizades e, embora isto seja inacreditável, é fato que elas me eram tão caras como as da vida real e nem um pouco menos intensas em suas manifestações.

Fiz isso constantemente até os meus 17 anos, quando meus pensamentos se voltaram seriamente para a invenção. Observei, então, para minha satisfação, que conseguia visualizar imagens fantasmas com a maior facilidade. Não precisava de modelos, desenhos ou experiências. Conseguia representá-las como se fossem reais em minha mente.

Fui, assim, levado inconscientemente a elaborar o que julgo ser um novo método de materialização de conceitos e ideias inventivas, radicalmente oposto ao puramente experimental e, em minha opinião, muito mais rápido e eficiente. Quando alguém constrói um instrumento para pôr em prática uma ideia em estado bruto, ele se encontra, inevitavelmente, sobrecarregado com os detalhes do aparelho. À medida que segue melhorando e reconstruindo, sua força de concentração diminui, e ele perde de vista o grande princípio fundamental. É possível obter resultados, mas sempre à custa da qualidade.

Meu método é diferente. Quando tenho uma ideia, começo de imediato a construí-la em minha imaginação. Mudo a construção, faço melhorias e opero o aparelho em minha mente. É absolutamente irrelevante para mim se testo a minha turbina em pensamento ou na oficina. Noto até se está desequilibrada. Não há nenhuma diferença; os resultados são os mesmos. Desse modo, sou capaz de desenvolver e aperfeiçoar rapidamente uma concepção, sem tocar em nada.

Quando chego ao ponto de incorporar à invenção todas as melhorias possíveis que concebo e não vejo defeito em nenhum lugar, ponho esse produto final do meu cérebro na forma concreta. Invariavelmente, a minha invenção funciona como imaginei que faria, e o experimento sai exatamente como eu planejei. Em vinte anos, não houve uma única exceção. Por que seria diferente? A ENGENHARIA, ELÉTRICA E MECÂNICA conduz a resultados positivos. É difícil encontrar um assunto que não possa ser tratado matematicamente, cujo efeito não possa ser calculado e cujo resultado não possa ser antecipadamente determinado, a partir de dados teóricos e práticos disponíveis. Colocar em prática uma ideia em estado bruto, como em geral se faz, não passa, a meu ver, de perda de energia, dinheiro e tempo.

Minha aflição precoce teve, no entanto, outra compensação. O esforço mental incessante desenvolveu os meus poderes de observação e permitiu-me descobrir uma verdade de grande importância. Observei que o aparecimento de imagens era sempre precedido da visão real de cenas sob condições especiais e, em geral, muito excepcionais, e a cada vez eu era levado a localizar o impulso original. Depois de certo tempo, esse esforço passou a ser quase automático, e adquiri grande facilidade em ligar causa e efeito. Logo me dei conta, para a minha surpresa, de que todo pensamento que concebia era sugerido por uma razão externa. Não só esse, mas todos os meus atos tinham origem semelhante. Com o tempo, ficou totalmente evidente para mim que eu era apenas um autômato dotado da capacidade de movimento em resposta aos estímulos dos órgãos dos sentidos e que pensava e agia de acordo com isso. O resultado prático disso era a arte da teleautomática, que até agora foi elaborada apenas de maneira imperfeita. Entretanto, suas possibilidades latentes serão finalmente mostradas. Há anos venho projetando autômatos autocontrolados, e acredito que possam ser produzidos mecanismos que atuem como se possuíssem razão, a um grau limitado, e deflagrarão uma revolução em muitos setores comerciais e industriais.

Eu tinha cerca de 12 anos de idade quando consegui afastar uma imagem de minha visão por meio do esforço voluntário, mas nunca tive nenhum controle sobre os clarões de luz a que me referi. Eles foram, talvez, a minha experiência mais estranha e inexplicável. Costumavam acontecer quando me achava em situações perigosas ou incômodas, ou quando estava muito exaltado. Em algumas ocasiões, vi o ar ao meu redor repleto de línguas de fogo ardente. Sua intensidade, em vez de diminuir, aumentava com o tempo, e, aparentemente, chegou ao máximo quando tinha cerca de 25 anos.

Enquanto estava em Paris, em 1883, um importante industrial francês enviou-me um convite para uma expedição de caça, o qual aceitei. Estivera confinado em uma fábrica por muito tempo, e o ar fresco teve um efeito maravilhosamente revigorante sobre mim. Ao voltar à cidade naquela noite, tive uma sensação positiva de que meu cérebro havia pegado fogo. Eu vi uma luz em minha cabeça que parecia um pequeno Sol, e passei a noite inteira aplicando compressas frias em minha cabeça torturada. Por fim, a frequência e a força dos clarões diminuíram, mas levou mais de três semanas até que desaparecessem completamente. Quando me enviaram um segundo convite, minha resposta foi um enfático NÃO!

Esses fenômenos luminosos às vezes ainda se manifestam, como quando me ocorre uma ideia que abre novas possibilidades; mas já não são mais excitantes, sua intensidade é relativamente pequena. Quando fecho os olhos, invariavelmente observo primeiro um fundo de um azul muito escuro e uniforme, parecido com o céu de uma noite clara, mas sem estrelas. Em alguns segundos esse campo torna-se animado com inúmeros flocos de verde cintilante, dispostos em diversas camadas, avançando em minha direção. Então aparece, à direita, um belo padrão de dois sistemas de linhas paralelas e próximas umas das outras, formando ângulos retos um com o outro, em todas as cores, com predomínio de amarelo, verde e dourado. Logo em seguida, as linhas ficam mais brilhantes e tudo é intensamente salpicado de pontos de luz cintilante. Essa figura se move devagar pelo campo visual e em cerca de dez segundos se dissipa à esquerda, deixando para trás um campo de um cinza um tanto inerte e desagradável, que abre caminho para um mar de nuvens ondulado que parece tentar transformar-se em uma forma viva. É estranho que eu não possa formar nada no campo cinza, até atingir a segunda fase. Toda vez, antes de adormecer, imagens de pessoas e objetos passam rapidamente diante dos meus olhos. Quando as vejo sei que logo vou perder a consciência. Se estão ausentes e recusam-se a aparecer, é sinal de uma noite de insônia.

Posso ilustrar até que ponto a imaginação foi importante em minha juventude com outra estranha experiência. Como a maioria das crianças, eu adorava pular e desenvolvi um desejo intenso de me manter no ar. Às vezes, um vento forte, rico em oxigênio, soprava da montanha, tornando meu corpo leve como cortiça, e então eu pulava e flutuava no espaço por um longo tempo. Era uma sensação deliciosa, e grande foi a minha decepção quando, mais tarde, perdi essa ilusão.

Nessa época, adquiri diversos gostos, antipatias e hábitos estranhos, alguns dos quais posso atribuir a impressões externas, enquanto outros são inexplicáveis. Tinha forte aversão a brincos de mulher, mas outros ornamentos, como pulseiras, agradavam-me mais ou menos, conforme o desenho. A visão de uma pérola quase me dava um ataque, mas ficava fascinado com o brilho dos cristais ou de objetos de bordas afiadas e superfícies planas. Não tocaria os cabelos de outra pessoa, a não ser que fosse obrigado a isso. Teria febre só de olhar para um pêssego, ou se houvesse um pedaço de cânfora em qualquer lugar da casa, isso me causava o maior desconforto. Ainda hoje, não sou insensível a alguns desses impulsos desagradáveis. Quando deixo cair quadradinhos de papel em um prato cheio de líquido, sempre sinto um gosto estranho e horrível na boca. Contava os passos em minhas caminhadas e calculava o conteúdo cúbico de pratos de sopa, xícaras de café e porções de comida, caso contrário minhas refeições se tornavam desagradáveis. Todos os atos repetidos ou operações que executava tinham de ser divisíveis por 3, e, se não desse certo, sentia-me obrigado a fazer tudo de novo, mesmo que levasse horas. Até os 8 anos de idade, meu caráter era fraco e hesitante. Não tinha coragem nem força para tomar decisões firmes. Meus sentimentos vinham em ondas e surtos e variavam continuamente entre extremos. Meus desejos eram imperiosos e multiplicavam-se como as cabeças da hidra. Era oprimido por pensamentos dolorosos sobre a vida e a morte e pelo temor religioso. Era dominado por crenças supersticiosas e vivia com pavor constante do espírito do mal, de fantasmas e de ogros e outros monstros malignos das trevas. Então, de repente, ocorreu uma tremenda mudança que alterou o curso de toda a minha existência.

Eu gostava dos livros acima de todas as coisas. Meu pai tinha uma grande biblioteca e, sempre que podia, eu tentava satisfazer a minha paixão pela leitura. Ele não permitia isso e tinha acessos de raiva quando me pegava em flagrante. Escondia as velas quando achava que eu estava lendo às escondidas. Não queria que eu estragasse minha vista. Mas eu arranjei sebo, fiz o pavio e moldei os bastões em formas de lata, e toda noite tapava o buraco da fechadura e as fendas e lia, muitas vezes até amanhecer, enquanto todos os demais dormiam e minha mãe dava início à sua árdua tarefa diária.

Certa vez, topei com um romance chamado *Aoafi* (o filho de Aba), uma tradução sérvia de um famoso escritor húngaro, Josika. Esse livro de certa forma despertou os poderes adormecidos da minha vontade e eu comecei a praticar o autocontrole. A princípio, minhas decisões derretiam como a neve de abril, mas logo dominei a minha fraqueza e senti um prazer que nunca experimentara antes – o prazer de fazer as coisas como queria. Com o passar do tempo, esse vigoroso exercício mental tornou-se uma segunda natureza. No início, meus desejos tinham de ser dominados, mas aos poucos o desejo e a vontade tornaram-se idênticos. Depois de anos nessa disciplina, obtive um domínio tão completo de mim mesmo, que brincava com paixões que teriam significado a destruição para os homens mais fortes.

A certa altura, adquiri uma paixão pelo jogo, o que preocupou muito meus pais. Sentar para jogar cartas era para mim a quintessência do prazer. Meu pai levava uma vida exemplar e não perdoava a absurda perda de tempo e dinheiro a que me entregava. Eu tinha uma forte determinação, mas a minha filosofia era ruim. Dizia a ele: "Posso parar quando quiser, mas será que vale a pena abrir mão do que eu não trocaria nem mesmo pelos prazeres do paraíso?" Muitas vezes ele extravasava sua ira e desaprovação, mas minha mãe era diferente. Ela compreendia o caráter dos homens e sabia que só se pode alcançar a salvação por meio dos próprios esforços. Certa tarde, eu me lembro, depois de perder todo o meu dinheiro e louco para jogar, ela veio até mim com um maço de notas e disse: "Vá e divirta-se. Quanto antes você perder tudo o que temos, melhor será. Sei que você vai superar isso". Ela estava certa. Controlei a minha paixão naquele mesmo momento e só lamentei que ela não tivesse sido cem vezes mais forte. Eu não só a derrotei, como também a arranquei do meu coração, não deixando sequer um vestígio de desejo. Desde então tenho sido tão indiferente a qualquer forma de jogo quanto a palitar os dentes.

Em outra época, eu fumava demais, ameaçando acabar com a minha saúde. Então, a minha vontade prevaleceu e não só parei de fumar, como destruí qualquer propensão ao vício. Muito tempo atrás, eu sofria de problemas cardíacos, até descobrir que se deviam ao inocente cafezinho que eu tomava todas as manhãs. Parei de imediato, embora confesse que não tenha sido fácil. Da mesma maneira, refreei e controlei outros hábitos e paixões, e não só preservei a minha vida, como obtive enorme satisfação com o que outros teriam considerado privação e sacrifício. Ao terminar os estudos no Instituto Politécnico e na universidade, tive um profundo colapso nervoso, e, enquanto durou a doença, observei muitos fenômenos estranhos e inacreditáveis.

Capítulo II
Minhas primeiras invenções

Vou abordar brevemente essas experiências extraordinárias, por causa do possível interesse que possam ter para os estudiosos de Psicologia e Fisiologia, e também porque esse período de agonia teve consequências importantes em meu desenvolvimento mental e nos trabalhos subsequentes. Mas primeiro é indispensável relatar as circunstâncias e condições que as antecederam e nas quais se pode encontrar uma explicação parcial para elas.

Desde a infância, eu me sentia compelido a concentrar a atenção em mim mesmo. Isso me causava muito sofrimento, mas hoje vejo que foi uma bênção disfarçada, pois me ensinou a apreciar o valor inestimável da introspecção para a preservação da vida e como meio de realização.

A pressão do trabalho e o incessante fluxo de impressões que afluem à nossa consciência por todas as portas de entrada do conhecimento tornam a vida moderna perigosa sob diversos aspectos. A maioria das pessoas está tão absorta na contemplação do mundo exterior que nem se dá conta do que se passa em seu interior. A morte prematura de milhões pode ser atribuída principalmente a esta causa. Mesmo entre aqueles que cuidam de outras pessoas, é um erro comum evitar perigos imaginários e ignorar os que são reais. E o que vale para um indivíduo também se aplica, mais ou menos, a um povo inteiro. Nem sempre apreciei a abstinência, mas encontro ampla recompensa nas agradáveis experiências que venho fazendo. Na esperança de converter algumas pessoas aos meus preceitos e convicções, vou citar uma ou duas experiências.

Pouco tempo atrás, estava voltando para o hotel. Era uma noite gelada, o chão estava escorregadio e não havia táxi disponível. Meia quadra atrás de mim caminhava outro homem, evidentemente tão ansioso quanto eu por encontrar abrigo. De repente, caí de pernas para o ar. No mesmo instante, houve um clarão em meu cérebro. Os nervos responderam, os músculos contraíram-se. Girei 180 graus e caí sobre as minhas mãos. Retomei minha caminhada como se nada tivesse acontecido, quando o estranho me abordou: "Quantos anos o senhor tem?" perguntou ele, observando-me com ar crítico.

"Ah, cerca de 59", respondi. "Por quê?"

"Bem", disse ele, "já tinha visto um gato fazer isso, mas não um homem."

Cerca de um mês atrás, queria mandar fazer novos óculos e fui a um oculista, que me submeteu aos testes de sempre. Olhava para mim incrédulo, enquanto eu lia com facilidade, de uma distância considerável, os menores caracteres impressos. Mas quando eu lhe disse que tinha mais de 60 anos, ele engasgou de espanto.

Meus amigos geralmente comentam que minhas roupas caem como uma luva em meu corpo, mas eles não sabem que toda a minha roupa foi feita a partir de medidas tiradas há quase quinze anos e que nunca mudaram. Nesse mesmo período, meu peso não variou nem um grama. Posso contar uma história engraçada a esse respeito. Certa noite, no inverno de 1885, o sr. Edison, Edward H. Johnson, o presidente da Edison Illuminating Company, o sr. Batchellor, gerente de operações, e eu entramos numa pracinha que fica em frente ao número 65 da Quinta Avenida, onde se situavam os escritórios da companhia. Alguém sugeriu que adivinhássemos os pesos e fui convidado a subir numa balança. Edison esquadrinhou-me dos pés à cabeça e disse: "Tesla pesa exatamente 69 kg", e seu palpite revelou-se exato. Nu, eu pesava 64,5 kg, e este ainda é o meu peso. Sussurrei ao sr. Johnson: "Como é possível que Edison acerte o meu peso com tamanha exatidão?" "Bem", disse ele, abaixando a voz. "Vou contar-lhe uma coisa confidencialmente, mas não diga nada a ninguém. Durante muito tempo ele trabalhou num matadouro em Chicago, onde pesava milhares de porcos todos os dias. É por isso." Meu amigo, o dr. Chauncey M. Dupew, falava de um amigo inglês a quem contava uma de suas piadas originais e que a ouvia com um ar confuso, mas um ano depois caía na gargalhada. Confesso francamente que levei mais do que isso para entender a piada de Johnson.

Agora, meu bem-estar é simplesmente o resultado de um modo de vida cuidadoso e comedido, e talvez o mais espantoso seja que por três vezes em minha juventude fui reduzido pela doença a um monte de destroços, desenganado pelos médicos.

Mais do que isso, por ignorância e despreocupação, entrei em todo tipo de dificuldades, perigos e encrencas, de que me safei como que por encanto. Quase me afoguei uma dezena de vezes, quase fui queimado por água fervente e quase enterrado vivo. Estive trancafiado, me perderam e quase morri congelado. Escapei por um triz de cachorros loucos, porcos e outros animais selvagens. Passei por doenças terríveis e pelos mais estranhos percalços, e parece milagre o fato de estar são e salvo hoje. Mas ao me lembrar desses incidentes, fico convencido de que a minha preservação não foi de todo acidental, mas de fato uma obra do poder divino.

A missão do inventor é essencialmente salvar vidas. Quando explora forças, aperfeiçoa aparelhos ou proporciona novas comodidades e facilidades, ele aumenta a segurança de nossa existência. Também está mais qualificado que o indivíduo mediano para se proteger do perigo, pois é observador e engenhoso. Se eu não tivesse outra evidência de possuir, em certa medida, essas qualidades, eu as encontraria nessas experiências pessoais. O leitor poderá julgar por si mesmo, se eu mencionar um ou dois casos.

Em certa ocasião, quando tinha meus 14 anos, quis pregar um susto em uns amigos que nadavam comigo. Meu plano era mergulhar por baixo de uma grande estrutura flutuante e sair silenciosamente do outro lado. Nadar e mergulhar eram coisas tão naturais para mim como para um pato, e eu tinha certeza de poder realizar a façanha. Assim, mergulhei na água e, quando ninguém olhava, girei e avancei rapidamente na direção oposta. Achando que tinha ultrapassado com segurança a estrutura, subi à superfície, mas para meu pesar bati numa trave. Rapidamente mergulhei, é claro, e avancei com rápidas braçadas até meu fôlego começar a faltar. Subindo pela segunda vez, minha cabeça bateu de novo contra uma trave. O desespero começou a tomar conta de mim. No entanto, reunindo todas as minhas forças, fiz uma terceira tentativa frenética, mas o resultado foi o mesmo. A tortura de não poder respirar estava ficando insuportável, minha mente girava e eu sentia que estava afundando. Nesse momento, quando a minha situação parecia absolutamente desesperadora, tive um daqueles clarões de luz e a estrutura acima de mim apareceu diante dos meus olhos. Percebi ou adivinhei que havia um pequeno espaço entre a superfície da água e as bordas das tábuas e, já quase inconsciente, flutuei, pus a boca perto das pranchas e consegui inalar um pouco de ar, infelizmente misturado com um borrifo de água que quase me afogou. Repeti diversas vezes o procedimento, como num transe, até que o meu coração, que batia muito rápido, desacelerou e eu recuperei a calma. Depois disso, fiz inúmeros mergulhos fracassados, perdi completamente o senso de direção, mas por fim consegui sair da armadilha, quando meus amigos já haviam desistido e tentavam pescar o meu corpo.

Minha imprudência arruinou aquela estação balneária para mim, mas logo esqueci a lição, e apenas dois anos depois entrei numa enrascada ainda pior. Perto da cidade onde eu estudava na época, havia um grande moinho com uma barragem do outro lado do rio. Como regra, o nível da água ficava só uns cinco ou sete centímetros abaixo da barragem, e nadar ali não era um esporte muito perigoso, ao qual geralmente me dedicava. Certo dia, fui sozinho ao rio para me divertir, como de costume. Porém, quando estava a pouca distância do muro, fiquei horrorizado ao observar que a água subira e estava me puxando muito rapidamente. Tentei sair, mas era tarde demais. Felizmente, todavia, eu me salvei de ser arrastado segurando-me na parede com ambas as mãos. A pressão contra o meu peito era grande, e eu mal conseguia manter a cabeça fora da água. Não havia uma alma à vista, e minha voz se perdia no estrondo da queda-d'água. Aos poucos, fui ficando exausto e incapaz de aguentar aquilo por mais tempo. Quando estava a ponto de desistir e ser arremessado contra as rochas lá embaixo, vi num clarão de luz um diagrama conhecido, que ilustrava o princípio hidráulico de que a pressão de um líquido em movimento é proporcional à superfície, e automaticamente virei para o lado esquerdo. Como num passe de mágica, a pressão diminuiu e achei relativamente fácil, nessa posição, resistir à força da correnteza. Mas o perigo ainda estava presente. Sabia que mais cedo ou mais tarde eu seria arrastado para baixo, pois não era possível que algum auxílio chegasse até mim a tempo, mesmo se conseguisse chamar a atenção de alguém. Hoje sou ambidestro, mas na época era canhoto e tinha comparativamente pouca força no braço direito. Por isso, não ousava virar para o outro lado para descansar, e só me restava empurrar o meu corpo devagar ao longo do muro da barragem. Eu tinha de me afastar do moinho, para onde meu rosto estava virado, pois lá a correnteza era muito mais veloz e profunda. Foi uma provação longa e dolorosa, e quase pus tudo a perder no último momento, pois deparei com uma depressão no muro. Consegui passar por cima dela com a última gota de minha força e quase desmaiei quando alcancei a margem, onde fui encontrado. Eu havia perdido praticamente toda a pele do meu lado esquerdo, e passaram-se várias semanas até que a febre baixasse e eu ficasse bem. Estes são só dois dos muitos casos, mas talvez sejam suficientes para mostrar que se não fosse o meu instinto de inventor, não teria sobrevivido para contar a história.

Pessoas interessadas muitas vezes me perguntam como e quando comecei a inventar. Minha resposta só pode basear-se na minha memória atual, segundo a qual a primeira tentativa foi bastante ambiciosa, pois envolvia a invenção de um aparelho e de um método. No primeiro, anteciparam-se a mim, mas o segundo era original. Aconteceu assim. Um dos meus colegas de brincadeiras ganhou um anzol e apetrechos de pesca, o que causou alvoroço no vilarejo, e na manhã seguinte todos foram à caça de rãs. Deixaram-me sozinho, de lado, por causa de uma briga com aquele menino. Eu nunca tinha visto um anzol de verdade, e imaginava que fosse algo maravilhoso, dotado de qualidades especiais, e estava desesperado por não participar da expedição. Pressionado pela necessidade, peguei um pedaço de arame de ferro flexível, martelei uma das pontas afiadas entre duas pedras, curvei-o da forma correta e o prendi a um barbante forte. Talhei, então, uma vara, juntei algumas iscas e desci até o riacho, onde havia rãs em abundância. Mas não consegui pegar nenhuma e já estava desanimando quando me ocorreu de balançar o anzol vazio diante de uma rã sentada em um toco de árvore. No começo, ela desanimou, mas aos poucos seus olhos se arregalaram e ficaram vermelhos, ela inflou até dobrar de tamanho e deu uma mordida forte no anzol. Imediatamente puxei-a para cima. Tentei a mesma coisa várias vezes, e o método revelou-se infalível. Quando meus colegas, que não tinham pegado nada apesar de seus excelentes apetrechos, vieram até mim, ficaram verdes de inveja. Por muito tempo, guardei segredo e desfrutei do monopólio, mas por fim me rendi ao espírito natalino. Todos puderam, então, fazer o mesmo, e o verão seguinte foi um desastre para as rãs.

Em minha tentativa seguinte, parece que agi levado pelo primeiro impulso que mais tarde me dominaria – aproveitar as energias da natureza a serviço do homem. Fiz isso por meio dos besouros de maio ou besouros de junho, como são chamados nos Estados Unidos, que eram uma autêntica praga naquela região e às vezes quebravam os galhos das árvores só com o peso de seus corpos. Os ramos ficavam pretos com eles. Eu prendia até quatro deles em uma cruz, ajustada para girar ao redor de um fuso, e transmitia o movimento da mesma a um disco largo, obtendo assim considerável "potência". Essas criaturas eram notavelmente eficientes, pois uma vez que tivessem começado, não paravam de jeito nenhum e continuavam girando por horas e horas, e quanto mais calor fizesse, mais duro elas trabalhavam. Tudo ia bem até um menino estranho aparecer. Ele era filho de um oficial aposentado do Exército austríaco. Aquele moleque comia besouros vivos e os saboreava como se fossem as mais finas ostras da Virgínia. Essa visão nojenta pôs um ponto final em meus trabalhos nesse campo promissor, e desde então nunca mais consegui tocar em besouros como aqueles ou em qualquer outro inseto, aliás. Acho que depois disso tratei de desmontar e montar os relógios do meu avô. Na primeira operação fui bem-sucedido, mas não posso dizer o mesmo da segunda. Aconteceu, então, de ele interromper abruptamente o meu trabalho, de maneira não muito delicada, e passaram-se trinta anos até eu tocar de novo num mecanismo de relógio.

Pouco depois, passei a me dedicar à fabricação de uma espécie de espingarda de rolha composta por um tubo oco, um pistão e dois tampões de cânhamo. Ao disparar a arma, o pistão era pressionado contra o estômago e o tubo era empurrado de volta rapidamente com as duas mãos. O ar entre os tampões era comprimido e atingia uma alta temperatura, e um deles era expelido com estrépito. A arte consistia em escolher um tubo com a largura apropriada entre os caules ocos que havia no jardim. Tive ótimos resultados com essa arma, mas a minha atividade interferia nas vidraças das janelas de nossa casa, o que me desencorajou dolorosamente. Se bem me lembro, passei então a talhar espadas a partir das peças de mobiliário que conseguia obter.

Nessa época, estava sob o encanto da poesia nacional sérvia e cheio de admiração pelas façanhas dos heróis. Costumava passar horas ceifando meus inimigos sob a forma de pés de milho, o que arruinava as plantações e me valeu várias surras de minha mãe.

Além disso, essas surras não eram do tipo formal, mas daquelas genuínas. Tinha passado por tudo isso antes de completar 6 anos, e já cursara um ano de escola elementar no vilarejo de Smiljan, onde vivia com minha família. Nessa época, nos mudamos para a cidadezinha de Gospic, que ficava nas proximidades. Essa mudança foi uma calamidade para mim. Partiu meu coração ter de me despedir das nossas pombas, galinhas e ovelhas, e de nosso magnífico bando de gansos, que costumava subir até as nuvens de manhã e voltar dos campos onde se alimentavam em formação de batalha, tão perfeita que humilharia um esquadrão dos melhores aviadores de hoje. Em nossa nova casa, eu não passava de um prisioneiro, observando as pessoas estranhas que via através das persianas da janela. Minha timidez era tanta que preferia enfrentar um leão feroz a um dos meninos da cidade que passavam. Mas minha pior provação veio no domingo, quando tive de me vestir para ir à missa. Lá ocorreu um acidente, cuja mera lembrança, durante anos depois, fazia meu sangue coalhar como leite azedo. Era a minha segunda aventura numa igreja. Pouco tempo antes, fiquei sepultado uma noite inteira em uma velha capela em uma montanha inacessível, que era visitada apenas uma vez por ano. Foi uma experiência terrível, mas esta foi pior. Havia na cidade uma senhora muito rica, uma boa pessoa, porém uma mulher pomposa, que costumava ir à igreja magnificamente maquiada e com um vestido longo que arrastava uma grande cauda. Certo domingo, eu acabara de tocar o sino do campanário e descia correndo as escadas quando essa grande dama estava saindo, e eu tropecei na cauda de seu vestido. Ele se rasgou com um ruído rascante que soou como uma salva de mosquetes disparados por recrutas inexperientes. Meu pai ficou pálido de raiva. Deu-me um delicado tapa no rosto, o único castigo corporal que me aplicou na vida, mas é como se ainda o sentisse. O embaraço e a confusão que se seguiram são indescritíveis. Fui praticamente relegado ao ostracismo, até acontecer algo novo que me redimisse na estima da comunidade.

Um jovem comerciante empreendedor havia organizado uma brigada anti-incêndio. Foi adquirido um novo equipamento de combate ao fogo, uniformes foram distribuídos e os homens foram treinados para o serviço e para os desfiles. O equipamento foi lindamente pintado de vermelho e preto. Certa tarde, o teste oficial estava marcado, e a máquina foi transportada até o rio. Toda a população acompanhou o grande espetáculo. Quando todos os discursos e cerimônias estavam concluídos, foi dada a ordem de bombear, mas nenhuma gota-d'água saiu da mangueira. Os professores e técnicos tentaram em vão localizar o problema. Quando cheguei ao local, o fiasco era completo. Meus conhecimentos sobre o mecanismo eram nulos, e eu não sabia praticamente nada sobre ar comprimido, mas instintivamente tateei a mangueira de sucção e descobri que ela estava travada. Quando eu entrei no rio e a abri, a água jorrou com força e não foram poucos os trajes dominicais que ficaram ensopados. Arquimedes correndo nu pelas ruas de Siracusa, gritando "eureca" até perder o fôlego, não provocou maior assombro do que eu. Fui carregado nos ombros e tornei-me herói por um dia.

Ao me estabelecer na cidade, comecei um curso de quatro anos na chamada escola normal, preparatória para os meus estudos na Faculdade ou no ginásio real. Nesse período, prosseguiram os meus esforços e façanhas infantis, bem como as encrencas. Entre outras coisas, obtive a súbita honra de ser o campeão dos caçadores de corvos da região. O método era extremamente simples. Eu ia à floresta, escondia-me nas moitas e imitava o pio das aves. Normalmente, recebia várias respostas e logo um corvo descia em um dos arbustos das proximidades. Depois disso, só precisava jogar um pedaço de papelão para desviar a sua atenção, pular sobre ele e agarrá-lo antes que pudesse livrar-se do matagal. Desse modo, conseguia capturar tantos corvos quantos queria. Mas certa vez aconteceu algo que me fez respeitá-los. Eu havia capturado um belo casal de aves e estava voltando para casa com um amigo. Quando saímos da floresta, milhares de corvos estavam reunidos, fazendo uma barulheira infernal. Em poucos minutos eles passaram a nos perseguir e logo nos envolveram. Tudo parecia muito divertido até eu receber um golpe na parte de trás da cabeça, que me derrubou. Então eles me atacaram para valer. Fui obrigado a soltar as duas aves e me dei por contente quando alcancei meu amigo, que se refugiara numa caverna.

Na sala de aula, havia alguns modelos mecânicos que me interessaram e chamaram minha atenção para as turbinas hidráulicas. Construí muitas delas e tive grande prazer em operá-las.

Um incidente pode ilustrar quão extraordinária era a minha vida. Meu tio achava inútil esse tipo de passatempo, e mais de uma vez me repreendeu. Eu fiquei fascinado com uma descrição das cataratas do Niágara que lera e relera, e imaginei uma grande roda movida pelas quedas-dágua. Disse ao meu tio que iria à América para executar o projeto. Trinta anos depois, vi minhas ideias postas em prática em Niágara e maravilhei-me com o insondável mistério da mente humana.

Fiz todo tipo de engenhocas e aparelhos, mas, de todos eles, as arbaletas que produzi foram as melhores. Minhas setas, ao serem disparadas, perdiam-se de vista e, de perto, atravessavam uma tábua de pinho de dois centímetros e meio de espessura. Com o manejo contínuo do arco, desenvolvi uma pele no estômago muito parecida com a de um crocodilo, e muitas vezes ainda me pergunto se foi graças a esse exercício que ainda hoje consigo digerir paralelepípedos!

Nem posso deixar de falar das minhas proezas com o estilingue, que me permitiram fazer uma magnífica apresentação no Hipódromo. E agora vou contar um de meus feitos com esse singular instrumento bélico, que vai pôr à prova a credulidade do leitor. Eu estava treinando enquanto caminhava com meu tio às margens do rio. O sol estava se pondo, as trutas brincavam e de quando em quando uma delas saltava no ar, com seu corpo reluzente bem definido contra os rochedos proeminentes ao fundo. Sem dúvida, qualquer garoto poderia atingir um peixe em circunstâncias tão favoráveis, mas eu me preparei para uma tarefa muito mais difícil, e contei ao meu tio, nos mínimos detalhes, o que planejava fazer.

Eu ia lançar uma pedra para atingir o peixe, pressionar seu corpo contra a rocha e dividi-lo em dois. Dito e feito. Meu tio olhou para mim assustadíssimo e exclamou: "*Vade retro*, Satanás!" e passou alguns dias sem voltar a falar comigo. Outras façanhas, embora grandiosas, serão deixadas de lado, mas sinto que poderia descansar tranquilamente sobre meus louros por mil anos.

Capítulo III
Meus esforços posteriores
(A descoberta do campo
magnético rotativo)

Aos 10 anos de idade, entrei no ginásio real, na época uma instituição nova e razoavelmente bem equipada. No departamento de Física, havia diversos modelos de aparelhos científicos clássicos, elétricos e mecânicos. Fascinavam-me as demonstrações e experiências realizadas de tempos em tempos pelos instrutores, e elas eram, sem dúvida, um poderoso incentivo para minhas invenções. Eu também era apaixonado pelos estudos matemáticos e, muitas vezes, recebia elogios do professor pela rapidez no cálculo. Isso se devia à minha capacidade adquirida de visualizar os números e realizar a operação não da maneira intuitiva habitual, mas como na vida real. Até um certo grau de complexidade, para mim era absolutamente indiferente se escrevia os números na lousa ou os evocava em minha visão mental. Mas o desenho à mão livre, ao qual eram dedicadas muitas horas do curso, era um aborrecimento que eu não conseguia suportar. Isso era algo notável, pois a maioria dos membros de minha família sobressaía-se nisso. Talvez a minha aversão se devesse simplesmente à predileção por pensar sem ser perturbado. Se não fossem uns poucos meninos excepcionalmente relapsos, que não conseguiam fazer absolutamente nada, meu desempenho teria sido o pior.

Esta era uma deficiência grave, pois, como o desenho era obrigatório no regime educacional da época, essa incapacidade ameaçava estragar toda a minha carreira, e meu pai teve problemas consideráveis para me levar de uma classe para outra.

No segundo ano naquela instituição, fiquei obcecado com a ideia de produzir movimento contínuo por meio de pressão de ar constante. O incidente com a bomba, a que já me referi, pusera fogo em minha imaginação juvenil e me impressionara com as possibilidades ilimitadas do vácuo. Entusiasmei-me com o desejo de explorar essa energia inesgotável, mas por muito tempo fiquei tateando no escuro. Finalmente, porém, meus esforços cristalizaram-se em uma invenção que devia capacitar-me a conseguir o que nenhum outro mortal havia alcançado.

Imaginem um cilindro que pode rodar livremente sobre dois rolamentos, parcialmente rodeado por um cavado que se encaixa perfeitamente nele.

A parte aberta do cavado é envolvida por uma divisória, de modo que o segmento cilíndrico dentro do invólucro divida este último em dois compartimentos completamente separados um do outro por juntas herméticas deslizantes. Se um desses compartimentos for vedado e rarefeito de uma vez por todas e o outro permanecer aberto, isso provoca uma rotação permanente do cilindro. Pelo menos, era o que eu pensava. Foi construído um modelo de madeira, montado com infinito cuidado, e quando apliquei a bomba em um dos lados e de fato observei que havia uma tendência a girar, delirei de alegria. O voo mecânico era a coisa que eu mais queria fazer, embora ainda sob a lembrança desanimadora de um tombo feio que levei ao pular de guarda-chuva do alto de um edifício. Todos os dias eu costumava viajar em minha imaginação pelo ar até regiões distantes, mas não conseguia imaginar como fazer aquilo. Agora tinha algo concreto, uma máquina voadora com nada além de um eixo giratório, asas batentes e – um vácuo de poder ilimitado! A partir de então, passei a fazer minhas excursões aéreas diárias em um veículo confortável e luxuoso, digno do rei Salomão. Levei anos para entender que a pressão atmosférica agia em ângulos retos sobre a superfície do cilindro, e que o leve efeito giratório que observei se devia a um vazamento! Embora essa compreensão tenha sido alcançada gradualmente, para mim foi um choque doloroso.

Mal havia concluído o meu curso no ginásio real quando fui derrubado por uma enfermidade perigosa, aliás, por um conjunto delas, e a minha condição tornou-se tão desesperadora que fui desenganado pelos médicos. Nessa época, permitiram-me ler sem parar, obtendo livros da Biblioteca Pública que haviam sido postos de lado e foram confiados a mim para classificação e preparação de catálogos. Certo dia, eu estava manuseando alguns livros de literatura nova, diferentes de tudo o que havia lido antes e tão cativantes que me fizeram esquecer completamente do meu estado desesperador. Eram obras da juventude de Mark Twain, e a elas deve-se atribuir a cura milagrosa que se seguiu. Vinte e cinco anos depois, quando conheci o sr. Clemens e travamos amizade, falei-lhe da experiência e me espantei ao ver um homem tão brincalhão debulhar-se em lágrimas...

Meus estudos prosseguiram no ginásio real superior de Carlstadt, na Croácia, onde morava uma de minhas tias. Era uma senhora distinta, esposa de um coronel que era um soldado tarimbado e havia participado de inúmeras batalhas. Jamais me esquecerei dos três anos que passei na casa deles. Nenhuma fortaleza em tempo de guerra jamais esteve sob disciplina tão severa. Eu era alimentado como um canarinho. Todas as refeições eram da mais alta qualidade, preparadas com esmero, mas mil por cento reduzidas em quantidade. As fatias de presunto cortadas por minha tia eram como folhas de papel. Quando o coronel punha algo de substancial no meu prato, ela tirava, dizendo-lhe nervosamente: "Cuidado. Niko é muito delicado". Eu tinha um apetite voraz e sofria como Tântalo.[1] Mas vivia numa atmosfera refinada, de bom gosto artístico, o que era excepcional para aqueles tempos e condições.

A terra era baixa e pantanosa, e a malária nunca me deixava, apesar das enormes quantidades de quinino que tomava. Vez por outra, o rio transbordava e levava um exército de ratos para as casas, que devoravam tudo, mesmo os feixes de páprica forte. Esses animais daninhos eram uma bem-vinda diversão para mim. Eu dizimava suas fileiras de todo jeito, o que me valeu a pouco invejável distinção de ser o mata-ratos da comunidade. Por fim, porém, concluí o curso, a miséria acabou e obtive o diploma secundário, que me levou a uma encruzilhada.

Durante todos aqueles anos, meus pais nunca voltaram atrás em sua decisão de me fazer abraçar a

---

[1] Mitológico rei grego da Frígia, filho de Zeus e casado com Dione. Acusado de crimes contra os deuses, foi condenado a ficar eternamente com fome e sede, mergulhado de joelhos com água até o pescoço sob uma árvore carregada de frutos. Quando tentava beber a água, esta fugia dele; quando levantava os braços para agarrar os frutos da árvore, os galhos se moviam para fora do seu alcance. Daí vem a expressão "suplício de Tântalo", em referência ao sofrimento daquele que deseja algo próximo, porém inalcançável. (N. E.)

carreira eclesiástica, o que, só de pensar, me apavorava. Eu adquirira grande interesse pela eletricidade, sob a estimulante influência do meu professor de Física, um homem engenhoso, que sempre demonstrava os princípios por meio de aparelhos de sua própria invenção. Entre elas, lembro-me de um dispositivo com a forma de um globo que girava livremente, com revestimento de folha de flandres, feito para girar rapidamente quando conectado a uma máquina estática. É impossível para mim dar uma ideia adequada da intensidade de sentimentos ao assistir às exibições desses fenômenos misteriosos. Cada impressão produzia mil ecos em minha mente. Queria saber mais sobre essa força maravilhosa; ansiava por experiências e investigações, e resignava-me ao inevitável com dor no coração.

Justo quando me preparava para a longa viagem de volta para casa, recebi a notícia de que meu pai queria que eu participasse de uma expedição de caça. Era um pedido estranho, pois ele sempre se opusera tenazmente a esse tipo de esporte. Poucos dias depois, porém, soube que o cólera estava devastando o distrito e, aproveitando a oportunidade, voltei a Gospic, a despeito da vontade de meus pais. É incrível como o povo era absolutamente ignorante acerca das causas desse flagelo, que atingia o país a cada quinze ou vinte anos. Achavam que os agentes letais fossem transmitidos pelo ar e saturavam-no de odores repelentes e fumaça. Entretanto, bebiam a água contaminada e morriam em massa. Contraí a terrível doença no mesmo dia de minha chegada e, embora sobrevivesse à crise, fui confinado à cama durante nove meses, mal conseguindo me mover. Minhas energias estavam completamente esgotadas e, pela segunda vez, me vi às portas da morte. Num dos momentos de crise que julgaram ser o último, meu pai entrou correndo no quarto. Ainda vejo seu rosto lívido enquanto tentava animar-me com palavras que demonstrassem confiança. "Talvez," disse eu, "eu possa recuperar-me se o senhor me deixar estudar Engenharia". "Você irá à melhor escola técnica do mundo", respondeu ele solenemente, e eu sabia que estava falando sério. Aquilo aliviou minha mente de um pesado fardo, mas o alívio teria chegado tarde demais se não fosse uma cura maravilhosa produzida por uma decocção amarga de determinada fava. Voltei à vida como Lázaro, para grande espanto de todos. Meu pai insistiu que eu passasse um ano praticando exercícios saudáveis ao ar livre, ao que consenti com relutância. Durante a maior parte desse tempo, vaguei pelas montanhas, carregando meu equipamento de caça e uma pilha de livros, e esse contato com a natureza fortaleceu-me o corpo e a alma. Pensei, planejei e concebi muitas ideias, via de regra ilusórias. A visão era bastante clara, mas meu conhecimento dos princípios era muito reduzido. Numa de minhas invenções, propunha enviar cartas e pacotes pelo mar, por meio de um tubo submarino, em recipientes esféricos sólidos o bastante para resistirem à pressão hidráulica. A usina de bombeamento que devia impelir a água através do tubo foi precisamente representada e desenhada, e todos os outros pormenores foram minuciosamente concebidos. Só um detalhe de nada, sem nenhuma importância, foi levianamente deixado de lado. Pressupus uma velocidade arbitrária da água e, o que é pior, diverti-me em torná-la alta, chegando assim a um desempenho estupendo, fundamentado em cálculos impecáveis. Reflexões posteriores, porém, acerca da resistência dos tubos ao fluxo de líquidos levaram-me a entregar essa invenção ao domínio público.

Outro de meus projetos era construir um anel ao redor do Equador, o qual, é claro, flutuaria livremente e poderia ser detido em seu giro por forças de reação, possibilitando assim viagens a velocidades maiores que mil quilômetros por hora, impraticáveis sobre os trilhos. O leitor há de sorrir. Admito que o plano era de difícil execução, mas não tão ruim quanto o de um famoso professor de Nova York, que pretendia bombear o ar das zonas tórridas para as temperadas, esquecendo-se completamente do fato de que Nosso Senhor nos deu uma gigantesca máquina para esse fim.

Outro esquema ainda, muito mais importante e atraente, era o de extrair potência da energia rotacional dos corpos terrestres. Eu havia descoberto que os objetos sobre a superfície da Terra, devido à rotação diurna do globo, são transportados por ela na mesma direção, ou na direção contrária do movimento de translação. Disso resulta uma grande mudança na energia cinética, que poderia ser utilizada da maneira mais simples imaginável, para fornecer força motriz para todas as regiões habitáveis do mundo. Não tenho palavras para descrever a decepção quando mais tarde me dei conta de que estava na mesma má situação de Arquimedes, que procurou em vão por um ponto fixo no Universo.

No fim das minhas férias, fui enviado para a Escola Politécnica de Gratz, na Estíria (Áustria), que meu pai escolhera por ser uma das instituições mais antigas e de melhor reputação. Aquele era o momento tão esperado, e comecei meus estudos sob bons auspícios e com a firme resolução de ser bem-sucedido. Minha formação prévia estava acima da média, graças aos ensinamentos de meu pai e às oportunidades que me proporcionou. Adquirira o conhecimento de vários idiomas e avançava com esforço entre os livros de diversas bibliotecas, colhendo informações de maior ou menor utilidade. No entanto, pela primeira vez, podia escolher os assuntos à vontade, e o desenho já não era um estorvo.

Decidira fazer uma surpresa para meus pais, e durante todo o primeiro ano eu começava a trabalhar regularmente às 3 horas da manhã e continuava até as 11 da noite, incluindo domingos e feriados. Como a maioria dos meus colegas não se empenhava como eu, naturalmente me destaquei acima de todos. Durante o ano, passei por nove exames e os professores acharam que eu merecia mais do que as melhores notas. Trazendo comigo sua lisonjeira certificação, voltei para casa para um breve descanso, esperando o triunfo, e fiquei arrasado quando meu pai não deu atenção àquelas honrarias conquistadas a duras penas. Aquilo quase acabou com minhas ambições; mais tarde, porém, depois que ele faleceu, fiquei magoado ao encontrar um pacote de cartas que os professores lhe haviam escrito, comunicando que, se não me tirasse daquela instituição, eu me mataria por excesso de trabalho.

A partir de então, dediquei-me principalmente à Física, à Mecânica e aos estudos matemáticos, passando as horas de lazer nas bibliotecas. Tinha uma verdadeira obsessão de terminar tudo o que começava, o que muitas vezes me fez entrar em apuros. Certa vez, comecei a ler as obras de Voltaire, quando soube, para minha consternação, que elas constituíam quase cem volumes de bom tamanho, com letra miúda, escritas por aquele monstro enquanto bebia 72 xícaras de café *per diem* [por dia]. Tive de ir até o fim, mas quando terminei o último volume, estava muito contente, e pensei: "Nunca mais!".

Meu desempenho no primeiro ano valera-me a simpatia e amizade de vários professores. Entre eles, o professor Rogner, que lecionava Aritmética e Geometria; o professor Poeschl, titular da cadeira de Física teórica e experimental; e o doutor Alle, que ensinava Cálculo Integral e era especialista em equações diferenciais. Esse cientista era o palestrante mais brilhante que já ouvi. Ele se interessou especialmente pelo meu progresso e com frequência permanecia uma ou duas horas na sala de aula, propondo-me problemas para resolver, para minha delícia. Contei-lhe de uma máquina voadora que havia concebido, não uma invenção ilusória, mas algo fundamentado em princípios científicos válidos, que se tornou realizável graças à minha turbina e que logo vai ser apresentado ao mundo. Os professores Rogner e Poeschl eram ambos homens curiosos. O primeiro tinha uma forma especial de se exprimir, e quando o fazia, dava gargalhadas, seguidas de uma longa e constrangedora pausa. O professor Poeschl era um alemão absolutamente metódico e sensato. Tinha pés enormes e mãos que eram como as patas de um urso, mas mesmo assim todas as suas experiências eram executadas com destreza e precisão de ourives, sem nenhuma falha. Foi no meu segundo ano de estudos que recebemos de Paris um dínamo de Gramme, com a forma de ferradura de um ímã de campo folheado e uma armação de fio enrolado com um comutador. Ao ser ligado, viam-se vários efeitos da corrente. Enquanto o professor Poeschl fazia as demonstrações, havia um motor que movia a máquina; as escovas apresentaram problema, soltando muitas faíscas, e pude observar que seria possível operar um motor sem esses mecanismos. Mas ele afirmou que isso não poderia ser feito, e deu-me a honra de proferir uma palestra sobre o assunto, concluindo ao final: "O sr. Tesla pode vir a realizar grandes façanhas, mas com certeza nunca fará isso. Seria o equivalente a converter uma força de tração constante, como a da gravidade, em um trabalho rotativo. É um esquema de movimento perpétuo, uma ideia impossível". Mas o instinto é algo que transcende o conhecimento. Temos, sem dúvida, certas fibras mais finas que nos permitem perceber verdades quando a dedução lógica, ou qualquer outro esforço deliberado do cérebro, é fútil. Por algum tempo hesitei, impressionado com a autoridade do professor, mas logo me convenci de estar certo e me lancei ao trabalho com todo o fervor e a ilimitada confiança da juventude.

Comecei representando em minha mente uma máquina de corrente contínua, fazendo-a funcionar e acompanhando o fluxo mutável das correntes na armação. Em seguida, imaginei um alternador e investiguei os progressos que ocorriam de maneira semelhante. Depois, visualizei os sistemas que incluíam motores e geradores e operei-os de diversas maneiras. As imagens que via eram perfeitamente reais e tangíveis para mim.

Todo o restante de minha permanência em Gratz se passou em tentativas deste tipo, intensas, mas infrutíferas, e quase cheguei à conclusão de que o problema era insolúvel. Em 1880, fui para Praga, na Boêmia, para satisfazer o desejo de meu pai de completar lá a minha educação na universidade. Foi naquela cidade que fiz um progresso decisivo, que consistia em separar o comutador da máquina e estudar os fenômenos sob este novo aspecto, mas ainda sem grande resultado.

No ano seguinte, houve uma mudança súbita em minha visão da vida. Dei-me conta de que meus pais haviam feito sacrifícios demais por mim e resolvi aliviá-los daquele fardo. A onda do telefone americano acabava de chegar ao continente europeu, e o sistema devia ser instalado em Budapeste, na Hungria. Parecia uma oportunidade ideal, ainda mais porque um amigo da família estava na direção do empreendimento. Foi lá que sofri o profundo colapso nervoso a que já me referi. Aquilo que passei nesse período da doença supera tudo o que se possa acreditar. Minha visão e audição eram sempre extraordinárias. Podia distinguir com clareza objetos a distância, onde os outros não viam nem sinal deles. Diversas vezes em minha infância salvei de incêndios as casas de meus vizinhos, chamando por socorro ao ouvir os leves sons de crepitar que não perturbavam o sono deles.

Em 1899, já com mais de 40 anos, enquanto executava as minhas experiências no Colorado, podia ouvir trovões muito distintamente a uma distância de 800 quilômetros. Meus assistentes distinguiram algo no limite máximo de 200 quilômetros. Minha audição era, então, mais de treze vezes mais sensível, ainda que na época estivesse, por assim dizer, completamente surdo em comparação com a acuidade da minha audição durante o colapso nervoso. Em Budapeste, conseguia ouvir o tique-taque de um relógio a três cômodos de distância de mim. O pouso de uma mosca sobre a mesa do quarto provocava um baque surdo em meu ouvido. Uma carruagem que passasse a alguns quilômetros de distância fazia estremecer o meu corpo inteiro. O apito de uma locomotiva a trinta ou quarenta quilômetros de distância fazia o banco ou a cadeira em que estivesse sentado vibrar tanto que a dor era insuportável. O chão a meus pés tremia sem parar. Tinha de apoiar a cama sobre almofadas de borracha para conseguir algum descanso. Os estrondos próximos ou distantes muitas vezes produziam o efeito de palavras pronunciadas, que me teriam assustado se não tivesse conseguido decompô-las em seus componentes agregados. Os raios solares, quando periodicamente interceptados, golpeavam o meu cérebro com tanta força que me aturdiam. Tinha de concentrar toda a força de vontade para passar sob uma ponte ou outra estrutura, enquanto sentia a esmagadora pressão sobre o crânio. No escuro, tinha a sensação do morcego, e podia detectar a presença de um objeto a distância de quatro metros por uma estranha sensação de arrepio na testa. Minha pulsação variava de uns poucos até 260 batimentos, e todos os tecidos do meu corpo vibravam em espasmos e tremores, o que talvez fosse o mais difícil de suportar. Um médico famoso, que me aplicava generosas doses diárias de brometo de potássio, diagnosticou minha doença como única e incurável. Lamentarei eternamente por não ter estado sob a observação de especialistas em Fisiologia e Psicologia na época. Agarrava-me desesperadamente à vida, mas nunca esperei recuperar-me. Alguém poderia acreditar que um físico tão arruinado e sem esperança se transformaria em um homem de extraordinária força e tenacidade; capaz de trabalhar durante 38 anos sem praticamente nenhum dia de interrupção, e ainda se encontrar forte e sadio de corpo e mente? É o meu caso. Um poderoso desejo de viver e de continuar a trabalhar e a assistência de um amigo dedicado, um atleta, operaram o prodígio. Minha saúde voltou, e com ela o vigor mental. Ao abordar de novo o problema, quase lamentei que a luta devesse acabar logo. Eu tinha tanta energia para gastar! Quando compreendi a tarefa, não foi com a determinação com que os homens costumam fazer. Para mim, era um voto sagrado, uma questão de vida ou morte. Sabia que morreria se falhasse. Agora percebia que a batalha estava ganha. Lá no mais fundo do meu cérebro estava a solução, mas ainda não conseguia dar-lhe uma expressão exterior. Certa tarde, que sempre estará presente em minha memória, eu fazia uma caminhada com um amigo no Parque da Cidade de Budapeste recitando poesias. Naquela idade, sabia livros inteiros de cor, palavra por palavra. Um deles era o *Fausto*, de Goethe. O sol estava se pondo e me fez lembrar do glorioso trecho:

> *"Sie rückt und weicht, der Tag ist überlebt,*
> *dort eilt sie hin und fördert neues Leben,*
> *oh, dass kein Flügel mich vom Boden hebt.*
> *Ihr nach und immer nach zu streben.*
> *Ein schöner Traum indessen sie entweicht,*
> *ach, zu des Geistes Flügeln wird so leicht*
> *kein körperlicher Flügel sich gesellen!"*[2]

Enquanto pronunciava essas palavras inspiradoras, veio-me a ideia como o clarão de um relâmpago, e em um instante a verdade se revelou. Desenhei com uma vara na areia o diagrama mostrado seis anos depois em minha palestra diante do American Institute of Electrical Engineers [Instituto Americano de Engenheiros Elétricos], e meu amigo o compreendeu perfeitamente. As imagens que via eram maravilho-

---

2 Inclina-se e extingue-se [o sol], morre o dia, mas o astro se apressa em levar vida nova para outros lugares. Ah! Não ter eu asas para me erguer da terra e me atirar atrás de vós, esforçando-me sempre! É um belo sonho que se esvai. Ah! Não poder associar asas do corpo às asas do espírito! (*Fausto*, de Goethe, Parte I, cena 2; Diante da porta da didade, SP: Ed. 34, p.101-102). (N. E.)

samente nítidas e claras, tinham a solidez do metal e da rocha, tanto que lhe disse: "Veja aqui o meu motor; observe como eu o inverto". Não consigo descrever as minhas emoções. Ao ver a sua estátua ganhar vida, Pigmalião não deve ter-se comovido tão profundamente como eu. Eu daria mil segredos da natureza com que pudesse topar acidentalmente em troca desta revelação, pela qual lutei contra todas as probabilidades e com risco de minha própria vida...

Capítulo IV
A descoberta da bobina e do transformador de Tesla
(A parte básica de todo rádio e TV)

Durante algum tempo, entreguei-me completamente ao intenso prazer de imaginar máquinas e inventar novas formas. Foi talvez o estado mental de maior felicidade por que passei na vida. As ideias vinham em um fluxo ininterrupto, e a única dificuldade que eu tinha era de retê-las rapidamente. Para mim, as peças dos aparelhos que concebia eram absolutamente reais e tangíveis em cada pormenor, mesmo nas mínimas marcas e sinais de desgaste. Eu adorava imaginar os motores funcionando constantemente, pois assim apresentavam uma visão fascinante aos olhos da mente.

Quando uma inclinação natural se transforma em um desejo apaixonado, avançamos para o objetivo com botas de sete léguas. Em menos de dois meses, desenvolvi praticamente todos os tipos de motores e modificações do sistema que agora estão identificados com o meu nome, e que são usados sob várias outras denominações no mundo inteiro. Talvez tenha sido providencial que as necessidades da vida tenham exigido uma pausa temporária nessa desgastante atividade mental. Vim a Budapeste solicitado por um relatório preliminar sobre a empresa telefônica e, por ironia do destino, tive de aceitar um cargo de desenhista na Agência Central de Telégrafos do governo húngaro, com um salário que me reservo o direito de não revelar. Felizmente, logo despertei a atenção do inspetor chefe, e depois fui contratado para trabalhar com cálculos, planos e estimativas relacionados com as novas instalações, até que o serviço telefônico tivesse início e me encarregasse dele. Os conhecimentos e a experiência prática que adquiri com esse trabalho foram valiosíssimos, e o emprego ofereceu-me amplas oportunidades para o exercício de minhas faculdades inventivas. Fiz diversas melhorias no equipamento da Estação Central e aperfeiçoei um repetidor ou amplificador telefônico que nunca foi patenteado ou descrito publicamente, mas que poderia ser creditado a mim ainda hoje. Em reconhecimento à minha eficiente colaboração, o organizador do empreendimento, o sr. Puskas, ao encerrar os seus negócios em Budapeste, ofereceu-me um emprego em Paris, que aceitei com alegria. Nunca me esquecerei da profunda impressão que aquela cidade mágica deixou em minha mente. Vaguei pelas ruas por vários dias depois de minha chegada, completamente fascinado pelo novo cenário. As atrações eram muitas e irresistíveis, mas, infelizmente, gastei o que ganhei assim que recebi. Quando o sr. Puskas me perguntou como estava indo nas novas circunstâncias, descrevi a situação com precisão, declarando que "os últimos 29 dias do mês são os mais difíceis".

Levei uma vida um tanto árdua, no que hoje chamariam de "estilo rooseveltiano". Toda manhã, sob qualquer tempo, ia do Boulevard Saint-Marcel, onde morava, a uma casa de banhos no Sena; mergulhava na água, dava 27 voltas no circuito e em seguida caminhava durante uma hora para chegar a Ivry, onde ficava a fábrica da companhia. Lá tomava um café da manhã reforçado, às 7h30min, e depois aguardava ansiosamente a hora do almoço, enquanto isso, quebrava nozes para o gerente de obras, o sr. Charles Batchellor, amigo íntimo e assistente de Edison. Aqui entrei em contato com alguns americanos, que se apaixonaram por minhas habilidades no bilhar! Expliquei minha invenção àqueles homens, e um deles, o sr. D. Cunningham, chefe do Departamento Mecânico, ofereceu-se para formar uma sociedade de ações. A proposta pareceu-me cômica ao extremo. Não tinha a mínima ideia do que ele queria dizer com aquilo, a não ser que se tratava de um jeito americano de fazer as coisas. Entretanto, aquilo não deu em nada, e durante os meses seguintes tive de viajar de um lado para o outro da França e da Alemanha para sanar os problemas das usinas de energia. Ao voltar a Paris, apresentei a um dos administradores da companhia, o senhor Rau, um plano de melhoria dos dínamos, e me deram uma oportunidade. Meu sucesso foi total, e os satisfeitos diretores concederam-me o privilégio de desenvolver reguladores automáticos, que eram muito prezados. Pouco depois, houve problemas com a usina de luz que fora instalada na nova estação ferroviária de Estrasburgo, na Alsácia. A fiação estava com defeito e, durante as cerimônias de inauguração, grande parte de uma parede desmoronou por causa de um curto-circuito, bem na presença do velho imperador Guilherme I. O governo alemão recusou a usina e a companhia francesa enfrentou prejuízos consideráveis. Devido aos meus conhecimentos do idioma alemão e de minha experiência passada, confiaram-me a difícil tarefa de resolver os problemas e, no início de 1883, fui para Estrasburgo com essa missão.

Alguns dos incidentes ocorridos naquela cidade deixaram uma marca indelével em minha memória. Por uma estranha coincidência, um bom número de homens que mais tarde se tornariam famosos viviam lá naquela época. Mais tarde na vida, eu costumava dizer: "Havia uma bactéria de grandeza naquela velha cidade. Outros pegaram a doença, mas eu escapei!".

O trabalho prático, a correspondência e as conferências com os funcionários mantiveram-me ocupado dia e noite, mas, assim que pude, lancei-me à construção de um motor mais simples numa oficina mecânica em frente à estação ferroviária, tendo trazido comigo de Paris algum material com aquele objetivo. No entanto, a consumação da experiência foi postergada até o verão daquele ano, quando tive por fim a satisfação de ver a rotação efetuada por correntes alternadas de diferentes fases, e sem comutadores ou contatos deslizantes, como eu havia concebido um ano antes. Foi um raro prazer, mas sem comparação com o delírio de alegria que se seguiu à primeira revelação.

Entre os meus novos amigos estava o ex-prefeito da cidade, o senhor Bauzin, a quem até certo ponto eu já havia apresentado esta e outras invenções minhas, e cujo apoio eu buscava conquistar. Ele gostava sinceramente de mim e apresentou meu projeto a diversas pessoas ricas, mas, para meu pesar, não obteve resposta. Queria ajudar-me de todas as maneiras possíveis, e os acontecimentos de 1º de julho de 1919 me fazem lembrar uma forma de "assistência" que recebi daquele homem encantador, que não foi financeira, mas nem por isso menos apreciada. Em 1870, quando a Alemanha invadiu o país, o sr. Bauzin enterrou uma boa provisão de vinho St. Estephe, safra de 1801, e chegou à conclusão de que não conhecia ninguém mais digno de consumir a bebida do que eu. Devo dizer que este é um dos incidentes inesquecíveis a que me referi.

Meu amigo estimulou-me a voltar a Paris o quanto antes e procurar apoio por lá. Era o que eu estava ansioso por fazer, mas meu trabalho e as negociações eram protelados, devido a todo tipo de pequenos obstáculos que encontrei, de modo que às vezes a situação parecia não ter solução.

Só para dar uma ideia da perfeição e da "eficiência" alemãs, vou mencionar aqui um caso um tanto engraçado. Uma lâmpada incandescente de 16 c.p. devia ser colocada num corredor e, depois de escolher o lugar adequado, solicitei ao eletricista que colocasse os fios. Pouco depois de começar a trabalhar, ele concluiu que tinha de consultar o engenheiro, o que foi feito. Este fez diversas objeções, mas por fim concordou que a lâmpada devia ser colocada a três centímetros do lugar que eu havia determinado, depois disso os trabalhos puderam prosseguir. Então o engenheiro mostrou-se preocupado e disse que o inspetor Averbeck devia ser notificado. Essa pessoa importante foi chamada, investigou, discutiu e decidiu que a lâmpada devia ser deslocada três centímetros, de volta ao lugar que eu havia assinalado! Não demorou muito, porém, para que o mesmo Averbeck mudasse de ideia e me aconselhasse a informar o inspetor-chefe Hieronimus sobre o caso e aguardar a decisão dele.

Passaram-se vários dias até que o inspetor-chefe pudesse desincumbir-se dos deveres do dia a dia, mas por fim ele chegou, e seguiu-se uma discussão de duas horas, após a qual ele decidiu que a lâmpada devia ser deslocada três centímetros mais para a frente. Minha esperança de que aquele fosse o ato final desmoronou quando o inspetor-chefe voltou e me disse: "O conselheiro Funke é tão exigente que não ouso dar uma ordem sem a sua aprovação explícita". Sendo assim, foram feitos acordos para uma visita daquele grande homem. Começamos a limpar e polir de manhã bem cedinho, e quando Funke chegou com seu séquito foi recebido com pompa. Depois de duas horas de deliberação, de repente ele exclamou: "Tenho de partir!" e, apontando um lugar do teto, ordenou-me que pusesse a lâmpada lá. Era o lugar exato que eu havia escolhido originalmente!

Coisas assim aconteciam todos os dias, com pequenas variações, mas eu estava decidido a concluir tudo aquilo a qualquer custo, e por fim meus esforços foram recompensados. Na primavera de 1884, todos os problemas foram resolvidos, a usina foi aceita formalmente e voltei a Paris com agradável antecedência. Um dos administradores prometera-me uma recompensa generosa se eu fosse bem-sucedido, bem como uma consideração justa das melhorias que havia feito em seus dínamos, e eu esperava ganhar um bom dinheiro. Havia três administradores, que chamarei de A, B e C para facilitar. Quando fui ter com A, ele me disse que a decisão era de B. Este cavalheiro julgava que só C podia decidir, e este último estava certo de que só A tinha poderes para agir. Depois de várias voltas do círculo vicioso, percebi que a minha recompensa era uma quimera. O fracasso total de minhas tentativas de levantar capital para o desenvolvimento foi outra decepção, e quando o senhor Batchelor pressionou-me a ir para a América, para redesenhar as máquinas de Edison, resolvi tentar a sorte na terra das possibilidades ilimitadas.

Mas a oportunidade quase foi perdida. Vendi meus modestos bens, reservei acomodações e encontrava-me na estação ferroviária quando o trem estava de partida. Naquele momento, percebi que havia perdido o dinheiro e os bilhetes. A questão era o que deveria fazer. Hércules havia tido tempo suficiente para refletir, mas eu precisava encontrar uma decisão enquanto corria ao lado do trem, com sentimentos confusos, que se misturavam em minha cabeça como as oscilações de um condensador.

Por meio de determinação e habilidade, acabei vencendo a corrida contra o tempo e, depois de passar pelas experiências habituais, tanto cotidianas como desagradáveis, consegui embarcar em um navio para Nova York com o resto dos meus pertences, alguns poemas e artigos que escrevera e um pacote de cálculos relativos às soluções de uma integral impossível de resolver e à minha máquina voadora.

Durante a viagem, passei a maior parte do tempo sentado à popa do navio, à espreita de uma oportunidade de salvar alguém de morte por afogamento, sem ligar a mínima para o perigo. Mais tarde, quando absorvi certa dose do senso prático americano, arrepiava-me ao lembrar daquilo e admirava-me de minha antiga insensatez.

O encontro com Edison foi um acontecimento memorável em minha vida. Estava fascinado por aquele homem maravilhoso que, sem vantagens ou treinamentos prévios, conseguira realizar tantas coisas. Eu estudara uma dúzia de línguas, conhecia bem literatura e arte e passara os meus melhores anos em bibliotecas, lendo todo tipo de coisa que me caía nas mãos, dos *Principia*, de Newton, aos romances de Paul de Kock, e percebia que a maior parte de minha vida havia sido desperdiçada. Mas não demorei a reconhecer que aquilo tinha sido a melhor coisa que poderia ter feito. Em poucas semanas, havia conquistado a confiança de Edison, o que aconteceu assim.

O S.S. *Oregon*, o navio de passageiros mais rápido da época, estava com ambos os dispositivos de iluminação quebrados, e sua partida estava atrasada. Como a superestrutura fora construída depois de sua instalação, era impossível removê-los de onde estavam. A situação era grave, e Edison estava muito aborrecido. À noite, levei comigo os instrumentos necessários e entrei a bordo do navio, onde passei a noite. Os dínamos estavam em mau estado, com muitos curtos-circuitos e rachaduras, mas, com o auxílio da tripulação, consegui colocá-los em ordem. Às 5 horas da manhã, ao passar pela Quinta Avenida a caminho da fábrica, deparei com Edison, Batchelor e alguns outros, quando voltavam para casa para descansar. "Eis aí o nosso parisiense dando seus passeios noturnos", disse ele. Quando lhe disse que estava vindo do *Oregon* e que havia consertado ambas as máquinas, ele me olhou em silêncio e afastou-se sem dizer palavra. Mas quando ele havia se afastado um pouco, ouvi seu comentário: "Batchelor, esse é um bom homem", e daí em diante tive total liberdade para realizar meu trabalho.

Por cerca de um ano, minhas horas de trabalho iam das 10h30min da manhã até 5 horas da manhã seguinte, sem um único dia de descanso. Edison disse-me: "Já tive muitos assistentes assíduos ao trabalho, mas você supera todos".

Nessa época, projetei 24 tipos diferentes de máquinas padrão, com núcleos de ferro curtos, que foram construídas no mesmo padrão e substituíram as máquinas antigas. O gerente prometera-me 50 mil dólares na conclusão dessa tarefa, mas aquilo não passava de uma piada. Isso foi um baque doloroso para mim, e pedi demissão do cargo.

Logo a seguir, fui procurado por algumas pessoas com a proposta de fundar uma empresa de lâmpadas de arco com o meu nome, e aceitei. Aquela era, finalmente, uma oportunidade para desenvolver o meu motor, mas quando toquei no assunto com meus novos sócios, eles disseram: "Não, nós queremos a lâmpada de arco. Não estamos interessados na sua corrente alternada". Em 1886, o meu sistema de lâmpadas de arco estava aperfeiçoado e fora adotado para a iluminação das fábricas e do município, e eu estava novamente livre, mas minhas posses não passavam de um par de ações lindamente gravadas com um valor hipotético. Seguiu-se, então, um período de lutas para o qual não estava preparado, mas ao final veio a recompensa, e em abril de 1887 foi fundada a Tesla Electric Company, equipada com um laboratório e instalações adequadas. Os motores que construí lá eram exatamente como os que eu havia imaginado. Não tentei melhorar o projeto, mas simplesmente reproduzi as figuras tais como apareceram em minha visão, e o funcionamento dos motores era exatamente como eu esperava. No início de 1888, foi feito um acordo com a Westinghouse para a fabricação dos motores em grande escala. Mas ainda era preciso superar grandes dificuldades. Meu sistema baseava-se no uso de correntes de baixa frequência, e os técnicos da Westinghouse adotaram 133 Hz, com o objetivo de garantir vantagens na transformação. Não queriam abrir mão da forma padrão de seus aparelhos, e meus esforços tiveram de se concentrar na adaptação do motor a essas condições. Outra necessidade era a de produzir um motor capaz de funcionar de maneira eficiente nessa frequência com dois fios, o que não era uma tarefa fácil.

Tesla em seu laboratório (c.1910).
Latinstock/© Bettmann/CORBIS/Corbis (DC)

Por volta do fim de 1889, como meus serviços em Pittsburgh já não eram essenciais, voltei a Nova York e retomei o trabalho experimental num laboratório em Grand Street, onde comecei de imediato a projetar máquinas de alta frequência. Os problemas de construção nesse campo inexplorado eram novos e bastante específicos, e deparei com muitas dificuldades. Rejeitei o princípio de indução, temendo que talvez não produzisse ondas perfeitamente senoidais, tão importantes para a ação de ressonância. Se não fosse por isso, eu poderia ter-me poupado uma grande quantidade de trabalho. Outro aspecto desanimador do alternador de alta frequência parecia ser a inconstância de velocidade, que ameaçava impor sérios limites ao seu uso. Já havia observado, em minhas demonstrações para o American Institution of Electrical Engineers, que várias vezes a sintonia se perdia, exigindo ajustes, e ainda não previa o que descobri muito tempo depois – um meio de operar máquinas desse tipo a velocidades tão constantes que não variassem mais do que uma pequena fração de revolução entre os extremos de carga.

A partir de muitas outras considerações, parecia desejável inventar um dispositivo mais simples para a produção de oscilações elétricas. Em 1856, Lorde Kelvin havia exposto a teoria da descarga de condensador, mas não foi feita nenhuma aplicação prática desse importante conhecimento. Vi as possibilidades e levei adiante o desenvolvimento de aparelhos de indução com base nesse princípio.

Meu progresso foi tão rápido que me permitiu exibir em minha conferência de 1891 uma bobina que produzia fagulhas de treze centímetros. Nessa ocasião, falei francamente com os engenheiros sobre um defeito envolvido na transformação pelo novo método, a saber, a perda na abertura de chispas. Investigações posteriores mostraram que, seja qual for o meio utilizado, ar, hidrogênio, vapor de mercúrio, óleo ou um fluxo de elétrons – a eficiência é a mesma. É uma lei muito parecida com a que rege a conversão da energia mecânica. Podemos derrubar verticalmente um peso de certa altura ou transportá-lo para o nível inferior por algum trajeto tortuoso; isso é irrelevante no que se refere à quantidade de trabalho. Felizmente, porém, esse inconveniente não é fatal, pois com a dosagem adequada de ressonância, os circuitos podem alcançar uma eficiência de 85%.

Desde que anunciei a invenção pela primeira vez, esse aparelho passou a ser usado universalmente e provocou uma revolução em vários campos, mas um futuro ainda mais grandioso o aguarda. Quando, em 1900, consegui potentes descargas de 30 metros e transmiti uma corrente ao redor do globo, lembrei-me da primeira pequena faísca que observei em meu laboratório de Grand Street, e fui tomado por sensações semelhantes às que senti quando descobri a rotação do campo magnético.

Capítulo V
O transmissor amplificador

Quando revejo os acontecimentos de minha vida pregressa, percebo quão sutis são as influências que moldam os nossos destinos. Um incidente de juventude pode servir de exemplo. Certo dia de inverno, consegui escalar uma montanha íngreme, na companhia de outros meninos. A neve estava bem profunda e um vento morno do sul tornava-a perfeita para o nosso propósito. Divertíamo-nos lançando bolas que rolavam montanha abaixo por certa distância, levando consigo mais ou menos neve, e cada um de nós tentava superar o outro nisso. De repente, vimos uma bola que superava todas, e foi se tornando tão enorme que ficou do tamanho de uma casa. Com um estrondo, ela mergulhou no vale e fez o chão tremer. Fiquei mudo, sem entender como uma coisa dessas podia acontecer. Durante semanas a imagem da avalanche permaneceu diante dos meus olhos, e eu me perguntava como algo tão pequeno podia tornar-se tão imenso. Desde então, a amplificação de movimentos fracos me fascinava, e quando, anos depois, comecei meus estudos de ressonância mecânica e elétrica, estava profundamente interessado nisso desde o começo. Se eu não tivesse tido essa experiência precoce e impressionante, eu não teria seguido a pequena faísca que obtive com a minha bobina e nunca desenvolveria minha melhor invenção, cuja verdadeira história contarei aqui pela primeira vez.

Muitos técnicos competentes em seus campos específicos, mas dominados por um espírito pedante e míope, afirmaram que, com exceção do motor de indução, dei ao mundo pouca coisa de uso prático. Trata-se de um erro grave. Não se deve julgar uma nova ideia por seus resultados imediatos. Meu sistema de transmissão de energia por corrente alternada veio num momento psicológico favorável, como resposta há muito esperada para questões industriais prementes, e embora uma considerável resistência tivesse de ser superada e interesses opostos conciliados, como de costume, o lançamento comercial não podia ser adiado por muito tempo.

Agora, compare essa situação com a das minhas turbinas, por exemplo. Era de se pensar que uma invenção tão simples e bela, com tantas características de um motor ideal, deveria ser adotada de imediato, e, indubitavelmente, é o que aconteceria em condições semelhantes. Mas o impacto futuro do campo giratório não era tornar inútil o maquinário existente; ao contrário, ele obteria assim um valor ainda maior. O sistema presta-se a novos empreendimentos assim como ao aperfeiçoamento dos antigos. Minha turbina é um avanço de caráter totalmente diferente. Ela representa uma mudança radical, no sentido de que o seu sucesso significaria o abandono dos tipos antiquados de motores principais, em que foram gastos dois bilhões de dólares. Em tais circunstâncias, o progresso tem de ser lento, e talvez o maior empecilho sejam os preconceitos criados nas mentes dos especialistas pela oposição organizada. Há poucos dias, tive uma experiência desanimadora quando encontrei meu amigo e ex-assistente Charles F. Scott, hoje professor de Engenharia Elétrica em Yale. Havia tempos que não o via e estava feliz em ter a oportunidade de conversar com ele em meu escritório. Naturalmente, a nossa conversa enveredou para minha turbina, e eu estava muito exaltado. "Scott, minha turbina vai fazer todas as máquinas térmicas do mundo virarem sucata", exclamei, extasiado com a visão de um futuro glorioso. Scott acariciou o queixo e lançou um olhar para o vazio, com ar pensativo, como se fizesse cálculos mentais. "Vai ser uma montanha de entulho", disse ele, e partiu sem dizer palavra!

Esta e outras invenções minhas nada mais foram, no entanto, do que avanços em uma determinada direção. Ao desenvolvê-las, nada mais fiz do que seguir o meu instinto inato de melhorar os aparelhos atuais, sem muita reflexão sobre problemas prementes. O "transmissor amplificador" foi o produto de um trabalho de anos, cujo principal objetivo é a solução de problemas que são infinitamente mais importantes para a humanidade do que o mero desenvolvimento industrial.

Se não me falha a memória, foi em novembro de 1890 que realizei uma experiência de laboratório das mais extraordinárias e espetaculares jamais registradas nos anais da ciência. Ao investigar o comportamento de correntes de alta frequência, eu me convenci de que se poderia produzir um campo elétrico de intensidade suficiente num recinto para acender tubos de vácuo sem eletrodos. Para testar a teoria, foi construído um transformador, e o primeiro teste foi um sucesso imenso.

É difícil avaliar o que esses estranhos fenômenos significavam na época. Corremos atrás de novas sensações, mas logo nos tornamos indiferentes a elas. As maravilhas de ontem são rotina hoje. Quando meus tubos de vácuo foram exibidos publicamente pela primeira vez, foram vistos com um espanto impossível de se descrever. De todas as partes do mundo, recebi convites urgentes, e me foram oferecidas numerosas honrarias e outros incentivos, os quais recusei.

Mas em 1892 o pedido se tornou irresistível e fui a Londres, onde proferi uma palestra no Institution of Electrical Engineers [Instituto dos Engenheiros Elétricos]. Minha intenção era de voltar imediatamente a Paris, para cumprir uma obrigação semelhante, mas Sir James Dewar fez questão de que eu comparecesse ao Royal Institution. Eu era um homem de grande determinação, mas sucumbi rapidamente aos poderosos argumentos do escocês. Ele me empurrou para uma cadeira e encheu meio copo com um maravilhoso líquido marrom que cintilava todo tipo de cores iridescentes e tinha o sabor do néctar. "Agora você está sentado na cadeira de Faraday, apreciando o uísque que ele costumava beber", disse ele. (O que não me interessava muito, pois mudara de opinião sobre bebidas fortes.) Na noite seguinte, fiz uma demonstração no Royal Institution, ao fim da qual Lorde Rayleigh falou para o público, e suas palavras elogiosas incentivaram minha pesquisa posterior. Fugi de Londres e mais tarde de Paris para escapar das honras que choviam sobre mim, e viajei de volta para casa, onde passei pelas mais dolorosas provações e enfermidades. Ao recuperar a saúde, comecei a fazer planos para retomar o trabalho na América. Até este ponto, não era claro para mim que eu tinha um talento especial para as descobertas e invenções, mas Lorde Rayleigh, que sempre considerei um cientista ideal, havia dito exatamente isso a meu respeito, e refleti que, se fosse verdade, eu devia concentrar-me em alguma ideia grande.

Na época, como em muitas outras do passado, meus pensamentos voltaram-se para os ensinamentos de minha Mãe. O dom do poder mental vem de Deus, o Ser Divino, e se concentrarmos nossas mentes nessa verdade, entramos em sintonia com esse grande poder. Minha Mãe ensinara-me a buscar toda verdade na *Bíblia*; assim, dediquei os meses seguintes ao estudo dessa obra.

Certo dia, enquanto vagava pelas montanhas, procurei me abrigar de uma tempestade que se aproximava. O céu cobriu-se de nuvens espessas, pesadas, mas por alguma razão não começava a chover até que, de repente, um relâmpago cortou o ar e, pouco tempo depois, caiu um aguaceiro. Aquela observação deu-me o que pensar. Era claro que os dois fenômenos estavam intimamente relacionados, como causa e efeito, e uma breve reflexão levou-me à conclusão de que a energia elétrica envolvida na precipitação de água era insignificante, e que a função do relâmpago era como a de um gatilho sensível. Havia ali uma estupenda possibilidade de realizar alguma coisa. Se produzíssemos efeitos elétricos com a qualidade necessária, poderíamos transformar o planeta inteiro e as condições de vida sobre ele. O sol ergue a água dos oceanos e os ventos a levam a regiões distantes, onde ela permanece num estado de equilíbrio delicadíssimo. Se pudéssemos perturbar esse equilíbrio onde e quando quiséssemos, essa poderosa corrente de vida poderia ser controlada voluntariamente. Poderíamos irrigar desertos áridos, criar lagos e rios e oferecer potência motriz em quantidades ilimitadas. Essa seria a maneira mais eficiente de aproveitar a energia solar para o benefício da humanidade. A implicação desse plano dependeria apenas de nossa capacidade de desenvolver forças elétricas da mesma amplitude das que ocorrem na natureza. Parecia uma façanha impossível, mas decidi tentar, e imediatamente, ao voltar aos Estados Unidos no verão de 1892, depois de breve visita a amigos em Watford, na Inglaterra, iniciei o trabalho, para mim ainda mais atraente, pois um recurso do mesmo tipo era necessário para o sucesso da transmissão de energia sem fio. Empreendi na época mais um estudo atento da *Bíblia*, e descobri a chave no Apocalipse.

O primeiro resultado positivo foi alcançado na primavera do ano seguinte, quando obtive uma tensão de aproximadamente 1.000.000 volts – 1 milhão de volts – com uma bobina cônica. Não é muito em comparação com as condições técnicas hoje, mas naquele tempo já podia ser considerado como potência. O progresso foi contínuo até a destruição do meu laboratório por um incêndio, em 1895, como demonstrou um artigo de T. C. Martin, publicado na edição de abril da revista *Century*. Essa calamidade foi um estorvo para mim sob diversos aspectos, e a maior parte do ano teve de ser dedicada ao planejamento e à reconstrução. Assim, porém, que as circunstâncias permitiram, voltei ao trabalho.

78 NIKOLA TESLA

Tesla gera raios artificiais em seu laboratório (ilustração sem data).
Latinstock/© Bettmann/CORBIS/Corbis (DC)

Embora soubesse que forças eletromotivas podiam ser alcançadas com aparelhos de maiores dimensões, tinha a sensação instintiva de que também poderia atingir meu objetivo por meio da construção adequada de um transformador comparativamente pequeno e compacto. Ao realizar os testes com uma bobina secundária na forma de espiral plana, como ilustrado nas patentes, surpreendeu-me a ausência de relâmpagos. Não demorou muito até que eu descobrisse que isso era a base na posição das bobinas e sua influência recíproca. Valendo-me desta observação, recorri ao uso de um condutor de alta tensão com bobinas de diâmetro considerável, suficientemente separadas para manter baixa a capacidade distribuída, mas ao mesmo tempo impedindo o acúmulo de carga em algum ponto. A aplicação desse princípio permitiu-me produzir tensões de mais de 4.000.000 (milhões) de volts, o que era aproximadamente o limite que se podia alcançar sem risco de acidente. Uma fotografia de meu transmissor fabricado em meu laboratório na Houston Street foi publicada na *Electrical Review* de novembro de 1898.

Para seguir mais adiante nessa direção, tive de ir para espaços abertos e, na primavera de 1899, tendo concluído os preparativos para a construção de uma fábrica de radiotransmissores, fui para o Colorado, onde permaneci por mais de um ano. Lá executei outras melhorias e refinamentos que possibilitaram a produção de correntes de qualquer tensão desejada.

Os interessados poderiam obter informações sobre as experiências que realizei lá em meu artigo "The Problem of Increasing Human Energy" [O problema do aumento da energia humana], publicado na revista *Century* de junho de 1900, a que me referi anteriormente. Serei bastante explícito acerca do transformador amplificador, para que ele seja entendido claramente. Em primeiro lugar, trata-se de um transformador ressonante com um secundário em que as partes, carregadas com alto potencial, têm uma área considerável e estão dispostas no espaço ao longo de superfícies envolventes de raios de curvatura muito grandes, e a distâncias adequadas entre uma e outra, o que garante uma densidade de superfície elétrica pequena em toda parte, de modo que não pode ocorrer fuga, mesmo que o condutor esteja exposto. Pode ser usado para qualquer frequência, de uns poucos a muitos milhares de ciclos por segundo, e na produção de correntes de tremendo volume e pressão moderada, ou de menor amperagem e de imensa força eletromotiva. A máxima tensão elétrica depende meramente da curvatura das superfícies em que se situam os elementos carregados e da área destes últimos.

Pela minha experiência passada, são possíveis pelo menos 100 milhões de volts. No entanto, podem-se obter correntes com milhares de ampères na antena. Basta uma central elétrica de dimensões bastante modestas para tais rendimentos. Teoricamente, um terminal de menos de 27 metros de diâmetro é suficiente para desenvolver uma força eletromotiva dessa magnitude, ao passo que para correntes de antena de 2.000 a 4.000 ampères nas frequências habituais, não precisa ter mais de 9 metros de diâmetro.

Num sentido mais restrito, o transmissor sem fio é um transmissor em que a quantidade de radiação de ondas eletromagnéticas é completamente desprezível se comparada com a energia total, e nessas condições o fator de amortecimento é extremamente reduzido, e uma carga enorme é armazenada na capacidade elevada. Um circuito pode, então, ser excitado com impulsos de qualquer tipo, mesmo de baixa frequência, e produzirá oscilações senoidais e contínuas como as de um alternador.

Tomado no significado mais restrito do termo, porém, trata-se de um transformador ressonante que, além de possuir essas características, tem as propriedades e as constantes elétricas exatas para adequar-se à Terra, e por isso ele se torna muito eficiente e efetivo na transmissão de energia sem fio. A distância é, então, absolutamente eliminada, não havendo diminuição da intensidade dos impulsos transmitidos. É até mesmo possível fazer as ações aumentarem com a distância em relação ao plano, segundo uma lei matemática exata.

Esta invenção fazia parte das muitas que incluí em meu "sistema mundial" de transmissão sem fio, que tentei comercializar em minha volta a Nova York, em 1900. No que se refere aos objetivos imediatos de meu empreendimento, foram claramente delineados num comunicado técnico da época, que cito:

"O Sistema Mundial foi criado a partir de uma combinação de diversas descobertas originais feitas pelo inventor durante pesquisa e experimentação prolongadas e contínuas. Ele torna possível não só a transmissão sem fio instantânea e precisa de qualquer tipo de sinal, mensagem ou caractere, para todas as partes do mundo, mas também a interconexão das estações transmissoras de telégrafo, telefone e outros sinais, sem qualquer mudança em seu equipamento atual. Com ele, por exemplo, um assinante de telefone pode ligar para qualquer outro assinante na Terra. Um receptor barato, não maior do que um relógio de pulso, permitirá que se ouça em qualquer lugar, em terra ou no mar, uma conferência proferida ou uma música tocada em qualquer outro lugar, por mais distante que seja." Esses exemplos são citados apenas para darem uma ideia das possibilidades desse grande avanço científico, que acaba com a distância e torna a Terra, esse condutor natural perfeito, disponível para todos os inúmeros propósitos que o engenho humano encontrou para um fio condutor. Um resultado importante disso é que qualquer dispositivo capaz de ser operado através de um ou mais fios (a uma distância obviamente restrita) também pode ser operado, sem condutores artificiais e com a mesma facilidade e precisão, a distâncias para as quais não há limites senão os impostos pelas dimensões físicas da Terra. Assim, serão abertos campos totalmente novos para a exploração comercial por esse método ideal de transmissão, mas os antigos serão muito ampliados. O "Sistema Mundial" baseia-se na aplicação das seguintes invenções e descobertas importantes:

1) O *"transformador de Tesla"*: este aparelho é tão revolucionário na produção de vibrações elétricas quanto foi a pólvora para a arte da guerra. Com instrumentos desse tipo, foram produzidas pelo inventor correntes muitas vezes mais fortes do que qualquer uma gerada da maneira habitual, e faíscas de mais de trinta metros.

2) O *"transmissor amplificador"*: esta é a melhor invenção de Tesla, um transformador peculiar, especialmente adequado para estimular a Terra, sendo para a transmissão de energia elétrica o que o telescópio é para a observação astronômica. Com o uso desse maravilhoso aparelho, ele já determinou movimentos elétricos de maior intensidade do que os do relâmpago e enviou uma corrente para o globo, suficiente para iluminar mais de duzentas lâmpadas incandescentes.

3) O *"sistema sem fio de Tesla"*: este sistema inclui inúmeras melhorias e é o único meio conhecido de transmitir energia elétrica a distância de forma econômica, sem fio. Testes e medições minuciosos ligados a uma estação experimental de grande atividade, construída pelo inventor no Colorado, demonstraram que se pode transmitir qualquer quantidade de energia, por todo o globo, se necessário, com uma perda de não mais do que uma pequena porcentagem.

4) A *"técnica da individualização"*: esta invenção de Tesla está para a sintonia primitiva como a linguagem refinada está para a expressão desarticulada. Torna possível a transmissão de sinais ou mensagens absolutamente secretas e exclusivas, tanto sob o aspecto ativo como passivo, ou seja, não interferentes e não interferíveis. Cada sinal é como um indivíduo de identidade inconfundível, e, praticamente, não há limite para o número de estações ou instrumentos que podem funcionar simultaneamente, sem a mínima interferência mútua.

5) As *"ondas estacionárias terrestres"*: esta maravilhosa descoberta, em termos populares, demonstra que a Terra é suscetível a vibrações elétricas de frequência definida, como um diapasão para certas ondas sonoras. Essas

vibrações elétricas, que são capazes de estimular fortemente o globo, prestam-se a inúmeros usos de grande importância comercial e a muitas outras coisas.

A primeira central elétrica do "Sistema Mundial" pode ser posta em operação em nove meses. Com essa central, será viável alcançar atividades elétricas de aproximadamente 7.354.987,5 kW, e ela foi projetada para servir tantos empregos técnicos quantos possíveis, sem os gastos correspondentes. Entre estes destacam-se os seguintes:

1) A interconexão das centrais e/ou agências de telégrafo existentes no mundo inteiro.
2) O estabelecimento de um serviço telegráfico governamental secreto e imune a interferências.
3) A conexão de todas as centrais ou agências telefônicas existentes no mundo inteiro.
4) A distribuição universal de notícias em geral por telégrafo ou telefone em conjunto com a imprensa.
5) O estabelecimento de um "sistema mundial" de transmissão de notícias exclusivamente para uso privado.
6) A conexão e a operação de todos os telégrafos de câmbio do mundo inteiro.
7) O estabelecimento de um "Sistema Mundial" de distribuição de músicas etc.

8) O registro universal do tempo por relógios baratos, que indicam a hora com precisão astronômica e não requerem nenhuma atenção especial.

9) A transmissão mundial de caracteres, cartas, cheques etc., manuscritos ou datilografados.

10) O estabelecimento de um serviço marítimo universal que permita aos navegantes de todas as embarcações orientar-se sem bússola, determinar a exata localização, hora e língua; prevenir colisões e desastres etc.

11) A inauguração de um sistema mundial de impressão em terra e no mar.

12) A reprodução mundial de imagens fotográficas e de todo tipo de desenhos e gravações.

Também propus fazer a demonstração da transmissão de energia sem fio em pequena escala, mas suficiente para convencer. Além destas, citei outras aplicações incomparavelmente mais importantes das minhas descobertas, que serão reveladas no futuro.

Foi construída uma usina em Long Island, com uma torre de 57 metros de altura e um terminal esférico de cerca de 20 metros de diâmetro. Essas dimensões são adequadas para a transmissão de praticamente qualquer quantidade de energia. Originalmente, só se ofereciam de 200 a 300 kW, mas eu pretendia empregar mais tarde muitos milhares de HPs. O transmissor devia emitir um complexo de ondas de características especiais, e inventei um método exclusivo de controle telefônico de qualquer quantidade de energia.

A torre foi destruída há dois anos (1917), mas meus projetos estão sendo desenvolvidos, e outra, com algumas características melhoradas, ainda será construída. Nessa ocasião, vou refutar a notícia que obteve ampla circulação de que a estrutura havia sido demolida pelo governo, o que, em razão do estado de guerra, pode ter criado preconceitos na mente dos que talvez não saibam que os papéis que trinta anos atrás me conferiram a honra da cidadania americana continuam guardados num cofre, enquanto minhas encomendas, diplomas, medalhas de ouro e outras distinções foram despachadas em velhos caminhões. Se o boato tivesse algum fundamento, eu teria recebido o reembolso das altas somas que gastei na construção da torre. Era, ao contrário, do interesse do governo preservá-la, sobretudo porque teria tornado possível, para citar só um resultado importante, a localização de um submarino em qualquer parte do mundo. Minha usina, serviços e todos os meus aperfeiçoamentos sempre estiveram à disposição dos funcionários do governo, e desde a deflagração do conflito europeu tenho trabalhado, com sacrifício, em diversas invenções de minha autoria, relacionadas com a navegação aérea, a propulsão de navios e a transmissão sem fio, que são da mais alta importância para o país. As pessoas bem informadas sabem que as minhas ideias revolucionaram as indústrias dos Estados Unidos, e não tenho notícia de algum inventor que viva nesse país e tenha sido, sob este aspecto, tão bem-sucedido como eu – em especial no que se refere ao uso de seus aperfeiçoamentos na guerra. Evitei falar publicamente sobre o assunto antes, pois parecia inadequado tratar de assuntos pessoais enquanto o mundo inteiro estava em sérios apuros.

Gostaria de acrescentar, dados os boatos que chegaram até mim, que o senhor J. Pierpont Morgan não tem interesse por mim sob um aspecto comercial, mas segundo o mesmo espírito amplo com que auxiliou muitos outros pioneiros. Ele cumpre suas generosas promessas à risca, e teria sido muito insensato esperar que fosse de outra forma. Ele tem a maior consideração por minhas conquistas e deu-me mostras claras de sua total confiança na minha capacidade de alcançar o que me propus a fazer. Não estou disposto a proporcionar a indivíduos invejosos e de mente mesquinha a satisfação de frustrar os meus esforços. Para mim, essa gente não passa de micróbios de uma doença insidiosa. Meus projetos atrasaram-se por causa das leis da natureza. O mundo não estava preparado para eles. Estavam muito à frente no tempo, mas essas mesmas leis vão por fim prevalecer e transformá-los em sucesso triunfal.

Capítulo VI
A técnica da Teleautomática

Nenhum assunto a que me tenha dedicado exigiu tanta concentração mental e forçou tanto as fibras de meu cérebro como os sistemas que têm o transmissor amplificador como fundamento. Coloquei toda a intensidade e o vigor da minha juventude no desenvolvimento das descobertas do campo giratório, mas esses trabalhos iniciais tinham um caráter diferente. Embora exigissem tudo de mim, não envolviam esse discernimento aguçado e exaustivo que foi necessário para superar os diversos problemas da transmissão sem fio. Apesar de minha resistência física na época, os nervos exaustos por fim se rebelaram e sofri um profundo colapso, no exato momento em que a conclusão desta longa e difícil tarefa estava quase à vista. Sem dúvida, mais tarde eu pagaria um preço maior ainda, e provavelmente a minha carreira seria encerrada prematuramente se a Providência não me tivesse dotado de um dispositivo de segurança que parecia aperfeiçoar-se com o passar dos anos e entrava em operação infalivelmente sempre que as minhas forças se esgotavam. Enquanto ele funcionar, estarei a salvo dos perigos decorrentes do excesso de trabalho que ameaçam os outros inventores e, aliás, não preciso das férias que são indispensáveis à maioria das pessoas. Quando estou exausto, simplesmente faço como os negros, que "naturalmente caem no sono, enquanto os brancos se aborrecem".

Para o meu caso, quero levantar a seguinte teoria: com o tempo o corpo provavelmente acumula uma quantidade definida de um agente tóxico, e eu caio num estado quase letárgico que dura exatamente meia hora. Ao despertar, tenho a sensação de que os acontecimentos imediatamente anteriores ocorreram muito tempo atrás, e, se tento dar continuidade à linha de pensamento interrompida, sinto uma autêntica náusea. Involuntariamente me volto, então, para outras ideias e me surpreendo com a agilidade mental e a facilidade com que supero obstáculos que antes me pareciam intransponíveis. Depois de semanas ou meses, minha paixão pela invenção temporariamente abandonada volta, e invariavelmente encontro respostas para todas as questões difíceis, sem quase nenhum esforço. A este respeito, vou contar uma experiência extraordinária que pode ser de interesse para estudiosos de Psicologia.

Eu produzira um fenômeno notável com meu transmissor ligado à terra e estava tentando certificar-me de seu verdadeiro significado em relação às correntes propagadas através dela. Parecia ser um empreendimento impossível, e por mais de um ano trabalhei sem cessar, mas em vão.

Esse estudo profundo me absorveu tanto que me esqueci de tudo ao meu redor, inclusive de minha saúde fragilizada. Por fim, quando estava a ponto de entrar em colapso, um mecanismo natural de proteção entrou em ação e caí em um sono letal. Quando recuperei meus sentidos, percebi com consternação que não conseguia visualizar cenas de minha vida atual, mas apenas algumas de minha infância, aquelas que entraram primeiro em minha consciência. Curiosamente, estas apareciam diante dos meus olhos com grande nitidez, e me proporcionaram um bem-vindo alívio. A imagem da minha mãe era sempre a principal figura do espetáculo que lentamente se desenrolava, e um intenso desejo de vê-la novamente foi aos poucos tomando conta de mim. Esse sentimento tornou-se tão forte que decidi deixar todo o trabalho de lado e satisfazer meu anseio. Mas eu não conseguia me separar de meu laboratório, e passaram-se alguns meses, durante os quais consegui reviver todas as impressões da minha vida passada, até a primavera de 1892.

Na visão seguinte que surgiu da névoa do esquecimento, vi-me no Hotel de la Paix, em Paris, acabando de acordar de um daqueles estranhos sortilégios dormitivos, causados pelo esforço prolongado do cérebro. Imaginem a dor e a aflição que senti quando me lembrei de repente que naquele mesmo momento me foi entregue um comunicado com a triste notícia de que minha mãe estava morrendo. Lembro-me como fiz a longa viagem de volta sem uma hora de descanso e de como ela faleceu após semanas de agonia.

Era especialmente notável que durante todo esse período de memória parcialmente obliterada, eu estivesse totalmente desperto para tudo o que dissesse respeito ao assunto da minha pesquisa. Conseguia lembrar-me dos menores detalhes e das mais insignificantes observações em minhas experiências e até mesmo recitar páginas de texto e fórmulas matemáticas complexas.

Creio firmemente em uma lei de compensação. As verdadeiras recompensas são sempre proporcionais ao esforço e aos sacrifícios feitos. Esta é uma das razões pelas quais tenho certeza de que, de todas as minhas invenções, o transmissor amplificador vai ser o mais importante e valioso para as gerações futuras. Sou levado a esta previsão não tanto pelas considerações acerca da revolução comercial e industrial que com certeza ele deflagrará, mas pelas consequências humanitárias dos muitos avanços que ele tornará possíveis.

Considerações de mera utilidade contam pouco em comparação com os grandes benefícios para o progresso da civilização. Enfrentamos enormes problemas que não podem ser confrontados nem resolvidos pensando apenas em nosso bem-estar, não importa quão exaustivamente. Ao contrário, o progresso nesta direção é alcançado com riscos e perigos não menos ameaçadores do que os que têm origem na carência e no sofrimento. Se conseguíssemos liberar a energia dos átomos ou descobrir algum outro jeito de desenvolver energia barata e ilimitada em qualquer ponto do globo, esse progresso, antes de ser uma bênção, poderia ser um desastre para a humanidade, dando origem à discórdia e à anarquia, o que em última instância resultaria na queda da odiosa tirania.

O maior proveito virá de melhorias técnicas que contribuam para a unificação e a harmonia, e o meu transmissor sem fio se aplica a isso de uma forma extraordinária. Com ele, a voz e a imagem humanas serão reproduzidas em toda parte, e fábricas utilizarão energia de quedas-dágua localizadas a milhares de quilômetros; máquinas aéreas serão lançadas ao redor da terra, sem interrupção, e a energia solar será utilizada para criar lagos e rios para fins motores, e desertos áridos serão transformados em terra fértil. Sua apresentação para fins telegráficos, telefônicos e outros semelhantes vai automaticamente reduzir a estática e todas as outras interferências que hoje impõem limites estreitos para a aplicação da transmissão sem fio. Este é um tema oportuno, sobre o qual vale dizer algumas palavras. Na última década, muita gente reivindicou com arrogância ter conseguido livrar-se desse obstáculo. Investiguei com atenção todos os procedimentos descritos e testei a maior parte deles muito antes de serem revelados ao público, mas os resultados foram sempre negativos. Uma declaração oficial da Marinha americana talvez tenha ensinado a alguns jornalistas mais tolos como dar o devido valor a esses anúncios. Geralmente, as tentativas baseiam-se em teorias tão falaciosas que, assim que me chegam ao conhecimento, não posso deixar de levá-las na brincadeira. Recentemente, foi apregoada uma nova descoberta, ao toque de ensurdecedoras trombetas, mas logo veio a público que se tratava apenas de mais um exemplo de mosquito transformado em elefante. Isso me faz lembrar de um incidente emocionante que ocorreu há alguns anos, quando estava realizando as minhas experiências de alta frequência. Steve Brodie acabara de pular da ponte do Brooklyn. Desde então, o feito foi banalizado por imitadores, mas a primeira notícia eletrizou Nova York. Eu era muito impressionável na época e com frequência falava sobre o ousado pintor. Certa tarde quente, senti a necessidade de me refrescar e entrei numa das trinta mil instituições populares desta grande cidade, onde se servia uma deliciosa bebida a 12%, que hoje só se pode consumir viajando aos pobres e devastados países da Europa. Os clientes eram muitos e não especialmente distintos, e discutia-se uma questão que me deu uma admirável oportunidade de fazer o seguinte comentário descuidado: "Foi isso que eu disse quando pulei da ponte". Assim que pronunciei aquelas palavras, senti-me como o companheiro de Timotheus no poema de Schiller. De imediato se criou um pandemônio e uma dúzia de vozes gritou: "É o Brodie!". Joguei uma moeda no balcão e disparei para a saída, mas a multidão veio ao meu encalço, aos berros de "Pare, Steve!", que devem ter sido mal interpretados, pois várias pessoas tentaram me segurar enquanto corria freneticamente na direção do meu porto de refúgio. Em disparada pelos quarteirões, felizmente consegui, por uma escada de incêndio, chegar ao laboratório, onde tirei o casaco, disfarcei-me de ferreiro e comecei a forjar. Mas essas precauções revelaram-se desnecessárias, pois havia despistado meus perseguidores. Durante muitos anos, à noite, quando a imaginação transforma em espectros os problemas triviais do dia, muitas vezes matutava, ao me deitar, qual teria sido o meu destino se a multidão tivesse me pegado e descoberto que eu não era Steve Brodie!

Ora, o engenheiro que recentemente fez um relato diante de uma equipe técnica acerca de uma nova forma de remoção da eletricidade estática, baseada numa "lei da natureza até agora desconhecida", parece ter sido tão negligente quanto eu, ao afirmar que esses distúrbios se propagam para cima e para baixo, enquanto eles estão em movimento junto do emissor na superfície da Terra. Isso significaria que um condensador, como o globo, com seu invólucro gasoso, poderia ser carregado e descarregado de maneira completamente contrária aos ensinamentos fundamentais propostos em todos os manuais elementares de Física. Tal suposição teria sido condenada como errônea mesmo na época de Franklin, pois os fatos que se apoiam nisso já eram bem conhecidos, e estava comprovado que a eletricidade atmosférica e a produzida por máquinas são totalmente idênticas. Obviamente, os distúrbios naturais e artificiais propagam-se pela terra e pelo ar exatamente da mesma maneira, e ambos determinam forças eletromagnéticas tanto no sentido horizontal como no vertical. A interferência não pode ser superada por meio de nenhum dos métodos propostos.

A verdade é a seguinte: no ar, o potencial aumenta a uma taxa de cerca de 150 volts por metro de altura, razão pela qual pode haver uma diferença de tensão que pode chegar a 20 mil ou até mesmo 40 mil volts entre as extremidades superior e inferior da antena. As massas da atmosfera carregada estão em movimento constante e cedem eletricidade ao condutor, não de modo contínuo, mas interrompido, o que produz um barulho crepitante num receptor telefônico. Quanto mais alto o terminal e quanto maior o espaço ocupado pelos fios, mais pronunciado é esse efeito, mas deve-se compreender que ele é meramente local e pouco tem a ver com o problema real.

Em 1900, ao aperfeiçoar meu sistema sem fio, utilizei um aparelho que tinha quatro antenas. Elas eram cuidadosamente calibradas na mesma frequência e conectadas em série, com o objetivo de amplificar a ação, para permitir a recepção de todas as direções. Quando eu queria determinar a origem do impulso transmitido, cada um dos pares dispostos diagonalmente era posto em série com uma bobina primária que energizava o circuito detector. No primeiro caso, o ruído no telefone era alto; no segundo, ele cessava, como esperado – as duas antenas neutralizavam uma à outra, mas a verdadeira estática manifestava-se em ambos os casos, e tive de encontrar diversas medidas preventivas, que funcionavam de acordo com outros princípios.

Valendo-me de receptores conectados a dois pontos da terra, como já havia sugerido muito antes, esse problema causado pelo ar carregado e nas estruturas que são construídas hoje, que é muito sério, é anulado. Além disso, o risco de todo tipo de interferência é reduzido em cerca da metade, por causa do caráter direcional do circuito. Isso era completamente óbvio, mas parecia uma revelação para algumas pessoas simplórias que trabalhavam com dispositivos sem fio pois sua experiência limitava-

-se a aparelhos que poderiam ter sido aperfeiçoados com um machado, por terem sido projetados com princípios completamente equivocados, e eles vinham descartando a pele do urso antes de matá-lo. Se fosse verdade que a interferência atmosférica executa tais acrobacias, seria fácil livrar-se delas, bastando para isso receber sem antenas. Mas, na realidade, um fio enterrado no chão que, segundo essa visão, deveria estar absolutamente imune, é mais suscetível a certos impulsos externos do que outro colocado verticalmente no ar. Para ser justo, ocorreu um pequeno progresso, não em virtude de qualquer método ou aparelho em particular, mas simplesmente desistindo das enormes estruturas, que são bastante ruins para recepção, e adotando um tipo de receptor mais apropriado. Como já salientei em um artigo, para resolver esta dificuldade para valer, deve-se fazer uma mudança radical no sistema, e isso o quanto antes.

Seria, de fato, uma calamidade se nestes tempos em que a tecnologia sem fio está ainda no início de seu desenvolvimento e a grande maioria, sem exceção até dos especialistas, não tem ideia de suas últimas possibilidades, fosse criada uma lei que a transformasse em monopólio do governo. Isso foi proposto algumas semanas atrás pelo secretário Daniels, e sem dúvida esse distinto senhor fez esse apelo no Senado e na Câmara com sincera convicção. Mas os fatos mostram de modo inequívoco e universal que os melhores resultados são sempre obtidos pela sadia competição comercial. Há, porém, razões excepcionais para que se dê à transmissão sem fio a máxima liberdade de desenvolvimento. Em primeiro lugar, ela oferece perspectivas incomensuravelmente maiores e mais vitais ao aperfeiçoamento da vida humana do que qualquer outra invenção ou descoberta na história da humanidade. No entanto, deve-se compreender que essa maravilhosa técnica foi, toda ela, desenvolvida na América, e pode ser chamada de "americana" com mais justiça e propriedade do que o telefone, a lâmpada incandescente ou o avião. Assessores de imprensa e corretores da bolsa tiveram tal sucesso na propagação da desinformação que até mesmo um periódico tão excelente como o *Scientific American* concedeu o crédito principal a um país estrangeiro.

Os alemães, é claro, deram-nos as ondas de Hertz e os especialistas russos, ingleses, franceses e italianos logo passaram a usá-las para fins de transmissão de sinais. Era uma aplicação óbvia do novo agente, realizada com a velha bobina de indução, clássica e sem aperfeiçoamentos, pouco mais do que outro tipo de heliografia. O raio de transmissão era muito limitado, o resultado obtido, de pouco valor, e as oscilações de Hertz, como meio para transmitir informação, podiam ser substituídas com vantagem por ondas sonoras, algo que defendi em 1891. Além disso, todas essas tentativas foram feitas três anos depois que os princípios fundamentais do sistema sem fio, hoje universalmente utilizado, e seus potentes recursos foram claramente descritos e desenvolvidos nos Estados Unidos. Hoje não permanece nenhum vestígio desses aparelhos e métodos hertzianos. Avançou-se na direção exatamente oposta, e o que foi feito é produto de cérebros e esforços de cidadãos deste país. As patentes fundamentais já expiraram, e as oportunidades estão abertas para todos. O argumento principal do secretário de governo baseia-se na interferência dos sinais. Segundo a sua declaração, publicada no *New York Herald* de 29 de julho, os sinais de uma estação potente podem ser interceptadas em qualquer aldeia do mundo. Tendo em vista esse fato, que foi demonstrado em minhas experiências de 1900, de pouco adiantaria impor restrições apenas nos Estados Unidos.

Para tornar claro este ponto, posso mencionar que há pouco recebi a visita de um cavalheiro de estranha aparência, com o objetivo de contratar os meus serviços para a construção de transmissões mundiais num país distante. "Não temos dinheiro", disse ele, "mas ouro em abundância, e lhe daremos uma generosa porção". Disse-lhe que primeiro queria ver o que será feito com minhas invenções nos Estados Unidos, e isto encerrou a conversa. Mas estou convencido de que certas forças obscuras estão em ação, e com o tempo a manutenção da comunicação contínua se tornará mais difícil. A única solução é um sistema imune a interrupções. Ele foi aperfeiçoado, existe e é preciso colocá-lo em funcionamento.

O terrível conflito da Primeira Guerra Mundial ainda é a principal preocupação, e talvez a maior importância será dada ao transmissor amplificador como máquina de ataque e defesa, particularmente em conjunto com a teleautomática.

Esta invenção é o resultado lógico de observações que tiveram início na minha infância e se prolongaram por toda a vida. Quando foram publicados os primeiros resultados, a *Electrical Review* declarou em editorial que ela se tornaria um dos "fatores mais importantes para o progresso civilizatório da humanidade". Não vai demorar para que esta previsão se realize. Em 1898 e 1900, ela foi oferecida ao governo e poderia ter sido adotada, se eu fosse um daqueles que vão ao pastor de Alexandre quando querem um favor de Alexandre! Naquela época, eu realmente pensava que ela viria a abolir a guerra, devido à sua destrutividade ilimitada e à exclusão do elemento pessoal no combate. Mas, embora não tenha perdido a fé nas suas potencialidades, minhas ideias mudaram desde então.

A guerra não pode ser evitada até que a causa física de sua ocorrência seja suprimida, e esta, em última análise, é a vasta extensão do planeta em que vivemos. Só com o aniquilamento da distância sob todos os aspectos, como a transmissão de informações, o transporte de passageiros e suprimentos e a transmissão de energia, as condições serão um dia atingidas, garantindo a permanência de relações amigáveis. Aquilo de que mais precisamos hoje é um contato mais próximo e um maior entendimento entre os indivíduos e as comunidades no mundo inteiro, e a eliminação da devoção fanática a ideais exaltados de egoísmo e orgulho nacionais, sempre prontos para mergulhar o mundo na barbárie e nos conflitos primitivos. Nenhum partido ou decisão parlamentar jamais poderá impedir tal calamidade. Elas não passam de novos meios de pôr os fracos à mercê dos fortes. Exprimi minhas ideias a este respeito catorze anos atrás, quando uma associação de alguns governos, uma espécie de Santa Aliança, foi defendida pelo falecido Andrew Carnegie, que pode com justiça ser considerado o pai da ideia, tendo dado a ela mais publicidade e força do que ninguém antes dos esforços do presidente. Embora seja inegável que tais aspectos possam ser de grande proveito para alguns povos menos afortunados, eles não podem alcançar o principal objetivo perseguido. A paz só pode vir como consequência natural da educação universal e da mistura de raças, e ainda estamos longe dessa feliz realização, porque poucos, de fato, hão de admitir a realidade – que Deus criou o homem à Sua imagem – e por isso todos os homens da terra são iguais. Há, na verdade, uma só raça, com diversas cores. Cristo é uma única pessoa, mas é de toda gente, então por que algumas pessoas se creem melhores do que as outras?

Quando olho para o mundo de hoje, à luz dos gigantescos combates que testemunhamos, tenho plena convicção de que os interesses da humanidade seriam mais bem servidos se os Estados Unidos permanecessem fiéis às suas tradições, fiéis a Deus, em quem afirmam crer, e se mantivessem distantes de "alianças emaranhadas". Devido à sua posição geográfica, distante do teatro dos presentes conflitos, sem incentivo para o crescimento territorial, com recursos inesgotáveis e uma imensa população totalmente imbuída do espírito de liberdade e de direito, este país ocupa uma posição única e privilegiada. Pode, portanto, exercer, de maneira independente, a sua colossal energia e sua força moral para o bem de todos, de modo mais judicioso e efetivo de que como membro de uma fusão.

Já falei das circunstâncias de minha infância e dos problemas que me levaram ao exercício constante da imaginação e da auto-observação. Essa atividade mental, inicialmente involuntária sob a pressão da doença e do sofrimento, aos poucos foi tornando-se uma segunda natureza e me levou, por fim, a reconhecer que eu não passava de um autômato carente de livre-arbítrio nos pensamentos e nos atos, e meramente passivo diante das forças do meio ambiente. Nossos corpos têm uma estrutura tão complexa, os movimentos que fazemos são tão numerosos e complicados, e as impressões externas sobre os nossos órgãos sensoriais, tão delicadas e fugidias, que é difícil para o homem mediano compreender os fatos. No entanto, nada é mais convincente ao observador treinado do que a teoria mecânica da vida, que foi, em certa medida, compreendida e proposta por Descartes trezentos anos atrás. Naquela época, muitas funções importantes de nossos organismos eram desconhecidas e, sobretudo no que se refere à natureza da luz e à estrutura e função dos olhos, os filósofos tateavam no escuro. Nos últimos anos, o progresso da pesquisa científica nesse campo foi tamanho que não dá mais lugar a dúvidas, pois muitas obras têm sido publicadas. Um dos seus mais capazes e eloquentes expositores talvez seja Felix le Dantec, ex-assistente de Pasteur. O professor Jacques Loeb efetuou notáveis experiências sobre o heliotropismo, que estabelecem com clareza o poder de controle da luz nos organismos de forma inferior, e seu último livro, *Forced Movements* [Movimentos forçados], é uma revelação. Mas enquanto os cientistas aceitam essa teoria simplesmente como qualquer outra que seja reconhecida, para mim é uma verdade que demonstro a todo momento, em meus atos e pensamentos. A consciência de que a impressão externa provoca em mim todo tipo de esforço – físico ou mental – está sempre presente em minha mente. Só em ocasiões muito raras, quando estava em estado de concentração excepcional, tive dificuldade em localizar o impulso original.

A imensa maioria dos seres humanos nunca está consciente do que se passa ao seu redor e dentro de si mesmos, e milhões são vítimas de doenças e morrem precocemente exatamente por isso.

As ocorrências mais comuns e rotineiras parecem-lhes misteriosas e inexplicáveis. Podemos sentir uma súbita tristeza e quebrar a cabeça por uma explicação, quando poderíamos ter notado que ela foi causada por uma nuvem que obstruiu os raios de sol. Podemos ver a imagem de um amigo querido sob condições consideradas estranhas, quando pouco antes cruzamos com ele na rua ou vimos seu retrato em algum lugar. Quando perdemos um botão de colarinho, bufamos e xingamos por uma hora, sendo incapazes de visualizar nossas ações anteriores e localizar diretamente o objeto.

A observação deficiente é apenas uma forma de ignorância, responsável por muitas ideias mórbidas e insensatas que acabam prevalecendo. Apenas uma em cada dez pessoas não crê em telepatia e outras manifestações psíquicas, em espiritualismo e comunicação com os mortos, e se recusariam a dar ouvidos a trapaceiros, voluntária ou involuntariamente.

Só para dar um exemplo de quão profundamente arraigada se tornou essa tendência mesmo entre a população americana mais esclarecida, posso citar um incidente cômico.

Pouco antes da guerra, quando a exibição de minhas turbinas nesta cidade suscitou amplos comentários nas revistas técnicas, previ que haveria uma disputa acirrada entre os fabricantes para se apossarem da invenção, e eu tinha planos especiais para aquele homem de Detroit com uma misteriosa capacidade de acumular milhões. Eu estava tão confiante de que mais dia, menos dia ele iria aparecer que declarei a meu secretário e assistentes que aquilo era coisa certa. E de fato, em uma bela manhã, um grupo de engenheiros da Ford Motor Company se apresentou, querendo discutir comigo um projeto importante. "Não disse?", comentei triunfante com meus funcionários, e um deles respondeu: "O senhor é incrível, sr. Tesla. Tudo acontece exatamente como prevê". Assim que aqueles cabeças duras se sentaram, eu, naturalmente, comecei logo a expor as maravilhosas características da minha turbina, quando o porta-voz me interrompeu e disse: "Sabemos tudo sobre isso, mas fomos enviados numa missão especial. Formamos uma sociedade psicológica para investigação de fenômenos psíquicos e queremos que o senhor se una a nós neste empreendimento". Acho que nunca aqueles engenheiros souberam quão perto estiveram de serem postos para fora do meu escritório.

Desde então, alguns dos maiores homens de nossa época, principais personalidades da ciência, cujos nomes são imortais, disseram-me que possuo uma mente extraordinária, dirijo todas as minhas faculdades pensantes para a solução de grandes problemas, seja qual for o sacrifício que isso implique. Por muitos anos, tentei resolver o enigma da morte, e observava atentamente todo tipo de indicação espiritual. Mas só uma vez em toda a minha vida tive uma experiência que momentaneamente me pareceu sobrenatural. Foi na época da morte de minha mãe. Estava absolutamente exausto com a dor e a longa vigília, e certa noite fui levado a um edifício a cerca de dois quarteirões de casa. Enquanto me prostrei ali, desamparado, pensei que, se minha mãe morresse enquanto eu estivesse longe do quarto, ela por certo me mandaria um sinal. Dois ou três meses antes, estava em Londres, em companhia de meu falecido amigo, Sir William Crookes, quando a discussão enveredou para o espiritualismo, e eu estava sob a forte influência dessas ideias. Talvez não tenha dado atenção aos outros homens, mas fui receptivo aos seus argumentos, pois fora o seu trabalho capital sobre a matéria radiante, que li quando estudante, que me fizera seguir a carreira em Engenharia Elétrica. Refleti que as condições para uma visão do além eram as mais favoráveis, pois minha mãe era uma mulher genial e se sobressaía especialmente na capacidade de intuição. Durante toda a noite, todas as fibras do meu cérebro estavam tensas de expectativa, mas nada aconteceu até de manhãzinha, quando caí no sono, ou talvez tenha desmaiado, e vi uma nuvem que carregava figuras angélicas de maravilhosa beleza, uma das quais me fitou e aos poucos foi assumindo a tão amada figura de minha mãe. A aparição flutuou devagar pelo quarto e se desvaneceu, e fui despertado por uma canção indescritivelmente doce de muitas vozes. Nesse momento, veio-me uma certeza, que nenhuma palavra pode exprimir, de que a minha mãe acabava de morrer. E era verdade. Não consegui entender o tremendo peso do doloroso conhecimento que recebi de antemão, e escrevi uma carta a Sir William Crookes quando ainda estava sob o domínio dessas impressões e em mau estado de saúde corporal. Quando me recuperei, procurei por muito tempo a causa externa daquela estranha manifestação e, para meu grande alívio, obtive êxito após muitos meses de esforços estéreis. Eu havia visto a pintura de um famoso artista, que representava alegoricamente uma das estações sob a forma de uma nuvem com um grupo de anjos que pareciam realmente flutuar no ar, e aquilo muito me impressionara. Era exatamente igual ao que aparecera em meu sonho, com exceção da semelhança com minha mãe. A música veio do coro de uma igreja das proximidades, na missa matutina de Páscoa, o que explica tudo satisfatoriamente, em conformidade com os fatos científicos.

Isso aconteceu há muito tempo, e jamais tive a mínima razão, desde então, para mudar as minhas ideias acerca dos fenômenos psíquicos e espirituais, para os quais não há fundamento. A crença neles é o resultado natural do desenvolvimento intelectual. Os dogmas religiosos não são mais aceitos em seu significado ortodoxo, mas cada indivíduo se agarra à fé em algum tipo de poder supremo. Todos precisamos de um ideal para governar a nossa conduta e garantir nossa satisfação, mas pouco importa se é um ideal de fé, arte, ciência ou qualquer outra coisa, desde que cumpra a função de uma força desmaterializada. É essencial para a existência pacífica da humanidade que prevaleça uma única concepção comum.

Ao não conseguir nenhuma prova em favor dos argumentos dos psicólogos e dos espíritas, provei de modo totalmente satisfatório para mim mesmo o automatismo da vida, não só por meio de observações contínuas de ações individuais, mas, de maneira ainda mais conclusiva, por meio de certas generalizações. Isso me conduziu a uma descoberta que considero da maior importância para a sociedade humana, e da qual tratarei agora. Tive a primeira suspeita dessa espantosa verdade quando ainda era muito jovem, mas por muitos anos interpretei o que notava como meras coincidências. Por exemplo, toda vez que eu mesmo ou uma pessoa a quem estava apegado ou uma causa a que me dedicava era atingido pelos outros de determinada maneira, que pode ser popularmente caracterizada como a mais injusta imaginável, eu sofria uma singular e indefinível dor que, na falta de termo melhor, qualifiquei de "cósmica", e pouco tempo depois, invariavelmente, aqueles que a infligiam acabavam se dando mal. Depois de muitos casos como esse, confiei aquilo a vários amigos, que tiveram a oportunidade de se convencer da teoria que aos poucos fui formulando e que pode ser resumida nas seguintes palavras: nossos corpos são constituídos de forma semelhante e estão expostos às mesmas forças externas. Isso resulta na semelhança de resposta e na concordância das atividades gerais em que se baseiam todas as nossas normas e leis, sociais ou não. Somos autômatos completamente controlados pelas forças do ambiente, sendo arremessados de um lado para o outro como rolhas de cortiça na superfície da água, mas os resultados dos impulsos externos são mal interpretados como livre-arbítrio. Os movimentos e outras ações que executamos estão sempre ligados à preservação da vida, e embora aparentem ser completamente independentes uns dos outros, estamos ligados por laços invisíveis. Enquanto o organismo está perfeitamente em ordem, responde com precisão aos agentes que o estimulam, mas a partir do momento em que há algum desacerto em algum indivíduo, esse poder de autopreservação é prejudicado. Todos compreendem, é claro, que se nos tornarmos surdos, se nossos olhos se debilitarem, se ferirmos os membros, diminui a probabilidade de uma vida prolongada. Mas isso também vale, e talvez ainda mais, para certos defeitos do cérebro que retiram do autômato, em maior ou menor medida, essa qualidade vital e o precipitam na destruição. Um ser muito sensível e observador, com seu mecanismo altamente desenvolvido intacto e agindo com precisão segundo as condições mutáveis do ambiente, é dotado de um sentido mecânico transcendente, que lhe permite escapar de perigos sutis demais para serem diretamente percebidos. Quando ele entra em contato com outros seres cujos órgãos de controle sejam radicalmente defeituosos, esse sentido se faz valer e ele sente a dor "cósmica". A verdade disso foi corroborada centenas de vezes, e convido outros estudiosos da natureza a dedicar sua atenção a este assunto, na crença de que, por meio de um esforço sistemático combinado, possam ser alcançados resultados de incalculável valor para o mundo. A ideia de construir um autômato para confirmar a minha teoria me ocorreu cedo, mas só dei início aos trabalhos ativos em 1883, quando comecei as minhas investigações sobre a transmissão sem fio. Nos dois ou três anos seguintes, construí numerosos mecanismos automáticos, para serem controlados a distância, e os expus aos que visitavam meu laboratório. Em 1896, porém, projetei uma máquina completa, capaz de realizar inúmeras operações, mas a consumação dos meus esforços foi postergada até o fim de 1897. Essa máquina foi exemplificada e descrita em meu artigo para a revista *Century* de junho de 1900 e outros periódicos da época, e quando foi exibida pela primeira vez, no início de 1898, causou mais sensação do que qualquer outra das minhas invenções.

Em novembro de 1898, obtive uma patente básica para a nova técnica, mas só depois que o examinador chefe veio a Nova York e observou o desempenho dela, pois o que eu afirmava parecera incrível. Lembro-me de que mais tarde, quando visitei um alto funcionário em Washington para oferecer a invenção ao governo, ele caiu na gargalhada quando lhe disse o que tinha realizado. Na época, ninguém pensou que houvesse a mínima perspectiva de aperfeiçoar um dispositivo daquele tipo. Infelizmente, naquela patente, segundo o conselho de meus advogados, indiquei que o controle era realizado por meio de um único circuito e um tipo conhecido de detector, porque ainda não havia garantido a proteção para os meus métodos e aparelhos de individualização. Na verdade, minhas embarcações eram controladas pela ação conjunta de diversos circuitos, e qualquer tipo de interferência estava excluído. De um modo mais geral, usei circuitos receptores em forma de laços, inclusive condensadores, pois as descargas de meu transmissor de alta tensão ionizavam o ar (no laboratório), e assim mesmo uma minúscula antena extrairia eletricidade da atmosfera circundante durante horas. Só para dar uma ideia, descobri, por exemplo, que um bulbo de 30 centímetros de diâmetro, muito rarefeito, e com um fio curto conectado a um único terminal, produziria até mil raios antes que toda a carga de ar do laboratório fosse neutralizada.

O receptor em forma de laço não era sensível a tal perturbação, e é curioso notar que ele vem se tornando popular atualmente. Na realidade, ele coleta muito menos energia do que as antenas ou um fio longo ligado à terra, mas também acaba com vários defeitos inerentes aos atuais aparelhos sem fio.

Ao demonstrar a minha invenção diante do público, pedia aos visitantes que fizessem perguntas, por mais complexas que fossem, e o autômato lhes responderia por sinais. Isso era considerado mágica na época, mas era extremamente simples, pois era eu mesmo que dava as resposta por meio do aparelho.

Na mesma época, foi construído também um grande barco teleautomático, do qual foi exibida uma fotografia no número de outubro de 1919 do *Electrical Experimenter*. Era controlado por laços, tendo vários giros situados no casco, que foi construído para ser completamente estanque e capaz de submergir. O aparelho era semelhante ao que foi usado no primeiro, com exceção de certos recursos especiais que introduzi, como, por exemplo, lâmpadas incandescentes que forneciam provas visíveis do funcionamento correto da máquina.

Esses autômatos, controlados dentro do campo visual do operador, porém, foram os primeiros passos, um tanto rudimentares, na evolução da técnica da Teleautomática tal como a concebi. O próximo passo lógico seriam os mecanismos automáticos situados além dos limites da visão e a grandes distâncias do centro de controle, e desde então tenho defendido sua utilização como instrumentos de guerra, no lugar das armas de fogo. Hoje a importância disso parece ser reconhecida, a julgar por ocasionais notícias na imprensa acerca de façanhas consideradas extraordinárias, mas não têm o mérito da novidade. De maneira imperfeita, é viável, com as atuais usinas de transmissão sem fio, lançar um avião, mantê-lo em um curso aproximado e preciso, e executar algumas operações a distância de muitas centenas de quilômetros.

Uma máquina desse tipo também pode ser controlada mecanicamente de diversas maneiras, e não tenho dúvida de que ela possa revelar-se útil na guerra. Mas, até onde sei, hoje não existem equipamentos com os quais tal objetivo possa ser alcançado de maneira precisa. Dediquei anos de estudo a esta questão e desenvolvi recursos que possibilitaram a realização desta maravilha e de outras ainda maiores.

Como declarei anteriormente, quando era estudante na faculdade, concebi uma máquina voadora bem diferente das atuais. O princípio subjacente era sólido, mas não podia ser posto em prática por falta de um agente motor de atividade suficientemente grande. Nos últimos anos, resolvi esse problema com sucesso, e agora estou projetando uma máquina aérea sem planos de sustentação, ailerons, propulsores e outros acessórios externos, que poderá alcançar velocidades imensas e muito provavelmente fornecerá poderosos argumentos em favor da paz num futuro próximo. Tal máquina, sustentada e propelida inteiramente por reação, é mostrada numa das páginas de minhas conferências, e deve ser controlada mecanicamente ou por energia sem fio. Ao estabelecer as usinas adequadas, será viável projetar um míssil desse tipo no ar e fazê-lo cair quase no lugar exato designado, que pode estar a milhares de quilômetros de distância. Mas não nos vamos deter nisso. Serão por fim produzidos teleautômatos capazes de agir como se tivessem inteligência própria, e seu advento deflagrará uma revolução.

Já em 1898, propus a representantes de uma grande indústria a construção e exibição pública de um veículo automotor que, por si só, executará uma grande variedade de operações que envolvem algo similar ao juízo. Minha proposta, porém, foi considerada quimérica na época e não deu em nada.

Hoje, muitas das mentes mais capazes vêm tentando inventar meios para prevenir a repetição do horrível conflito que só teoricamente acabou, e cuja duração e principais problemas eu predisse corretamente num artigo publicado no *Sun* de 20 de dezembro de 1914.

A liga proposta não é uma solução, mas, ao contrário, na opinião de muitos homens competentes, pode provocar resultados exatamente opostos aos esperados. É especialmente lamentável que uma política punitiva tenha sido adotada ao definir os termos da paz, pois daqui a alguns anos as nações poderão combater sem exércitos, navios ou armas de fogo, com armamentos muito mais terríveis, para cuja ação destrutiva e alcance praticamente não há limites. Qualquer cidade, a qualquer distância do inimigo, poderá ser destruída por ele, e nenhum poder no mundo será capaz de impedi-lo de fazer isso. Se quisermos evitar uma calamidade iminente e um estado de coisas que pode transformar o globo num inferno, devemos impulsionar o desenvolvimento de máquinas voadoras e da transmissão de energia sem fio imediatamente e com toda a potência e os recursos desta nação.

SOBRE O LIVRO

Formato: 12 x 21 cm
Mancha: 18,2 x 39 paicas
Tipologia: Horley Old Style 10,5/14
Papel: Off-white 80 g/m² (miolo)
Cartão Supremo 250 g/m² (capa)
1ª edição: 2012

EQUIPE DE REALIZAÇÃO

Assistência Editorial
Olivia Frade Zambone

Edição de Texto
Noelma Brocanelli (Copidesque)
Sâmia Rios (Preparação)
Douglas Pompeu (Revisão)

Capa
Estúdio Bogari

Editoração Eletrônica
Eduardo Seiji Seki (Diagramação)